Bücherwelten

Bücherwelten
Von Menschen und Bibliotheken

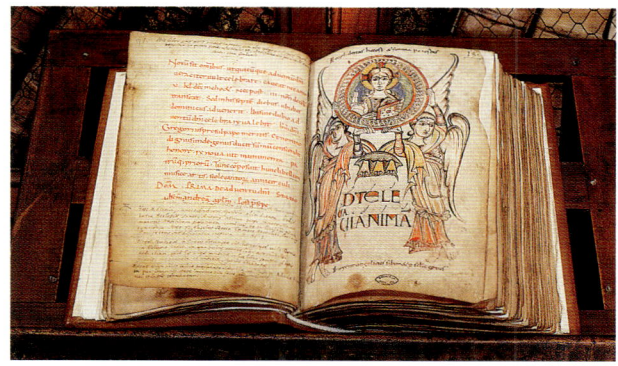

Texte von Susanne von Meiss
Fotos von Reto Guntli

GERSTENBERG

Vorwort 8

I Büchertempel

14 Geistliche Bibliotheken
Stiftsbibliothek St. Gallen 14
Biblioteca Angelica, Rom 20

24 Hofbibliotheken
Herzog August Bibliothek Wolfenbüttel 24
Bibliothek Friedrichs II., Schloß Sanssouci, Potsdam 28
Bibliothek des Königlichen Hausarchivs, Den Haag 32

36 Staatsbibliotheken
Österreichische Nationalbibliothek, Wien 36
Bibliothèque nationale de France, Paris 40

II Bücher sammeln

48 Spezialsammlungen
Fürst und Fürstin Ferdinand von Bismarck, Friedrichsruh 48
Bibliotheca Bodmeriana, Cologny bei Genf 51
Reiner Speck, Bibliophiler Kunstsammler, Köln 56
Gertrud von Heiseler, Literaturkennerin, Brannenburg 61
Herry Schaefer, Sammler, Zürich 64
Graf und Gräfin Christoph Douglas,
Kunstexperten, Frankfurt am Main 67
Melanie Bosanquet-Munk, Antiquitätensammlerin, Paris 72
Anton Mosimann, Chefkoch, London 76

78 Clubs
Quinta Patino, Alcoitão bei Estoril 78
Jockey Club, Buenos Aires 82

86 Berühmte Sammlungen
Biblioteca Riccardiana, Florenz 86
Can Vivot, Palma de Mallorca 90

III Wohnen mit Büchern

96 Bibliotheken als schöne Interieurs
Hans Soller, Antiquitätenhändler, Schaffhausen 96
Matthias Brunner, Cineast, Zürich 100
Pino Casagrande, Galerist, Rom 104
Inge Rodenstock, Kunstsammlerin, München 106
Raffaella und Gigliola Curiel, Modeschöpferinnen, Mailand 110
Paolo Bulgari, Juwelier, Rom 114

116 Chalets und Jagdhäuser
Prinz Egon von Fürstenberg, Wolfgangsee 116 / Haus Promegg,
St. Wolfgang 120 / Alexandra Skrein von Bumbala, bei Salzburg 122
Familie Koerfer, Kitzbühel 123 / Haus Viti Levu, Klosters 123
Baronin Marion Lambert, bei Gstaad 126

128 Wohndesigner und ihre Bibliotheken
Alidad, London 128 / Alexis de la Falaise, Paris 131
Tim Gosling, London 133 / Marie-Eleonore von Haeften, Mallorca 136
Gräfin Monika Apponyi, London 138 / Christophe Gollut, London 139
Michael Wolfson, Zürich 140 / Fiorenza Milesi, Mailand 142
Anthony Paine, London 144

IV Buch & Kunst

148 Bibliotheken als Kunstobjekte
Don Giovanni Guiso, Teatrini-Sammler, Siena 148
Stefan Riedl, Porträtist, Wien 152
Sylvie Fleury und John M Armleder, Künstler, Genf 156
Gonzalo Gorostiaga, Trompe-l'œil-Maler, Buenos Aires 161

166 Buch als Kunst
Arnulf Rainer, Künstler, Wien 166
André Heller, Multimedia-Künstler, Wien 170
Marisa Albanese, Künstlerin, Neapel 176
Emilio Isgrò, Multimedia-Künstler, Mailand 180
Peter Wüthrich, Installationskünstler, Bern 185

V Büchermacher

190 Kunst & Handwerk
Alain Devauchelle, Buchrestaurator, Paris 190
Andreas Schenk, Kalligraph, Basel 193
Tomás Graves, Buchdrucker, Deià de Mallorca 196

199 Buch & Handel
Peter Kerssemakers, Antiquar, Amsterdam 199

201 Schriftstellerinnen und Schriftsteller
Cees Nooteboom, Schriftsteller, Amsterdam 201
Volker Kühn, Autor und Regisseur, Berlin 206
Siegfried Schmidt-Joos und Kathrin Brigl,
Autoren, Berlin 208
Maren Sell, Schriftstellerin und Verlegerin, Paris 212
Mário Soares, Politiker und Autor, Lissabon 216
Stephen Calloway, Schriftsteller, Brighton 218

222 Verlegerinnen und Verleger
Daniel Keel, Diogenes Verlag, Zürich 222
Inge Feltrinelli, Giangiacomo Feltrinelli Editore, Mailand 224
Siegfried Unseld, Suhrkamp Verlag, Frankfurt am Main 227
Lord George Weidenfeld, Weidenfeld & Nicolson, London 230

236 Literaturagenten
Ed Victor und Carol Ryan, London 236

238 Literaturkritiker
Marcel Reich-Ranicki, Frankfurt am Main 238

240 Anhang
Bezugsadressen 242
Bibliotheksadressen 250
Bibliographie 251

Danksagung 256
Bildnachweis 256

Vorwort

»Von den vielen Welten, die der Mensch nicht von der Natur bekam, sondern sich aus dem eigenen Geist geschaffen hat, ist die Welt der Bücher die größte.« Hermann Hesse spricht mit diesem Gedanken vielen Menschen, seien sie biblioman, bibliophil oder dem Buch einfach nur freundschaftlich verbunden, aus der Seele. Wir schaffen uns Bücherwelten, weil wir uns mit ihnen und in ihnen wohl fühlen, weil wir uns in ihnen entspannen können, weil sie unseren Geist anregen, bei unserer Arbeit hilfreich sind, unser Zuhause verschönern, uns verzaubern, uns entführen, uns die Welt um uns herum vergessen lassen.

Von den verschiedenartigsten Bücherwelten erzählt der vorliegende Bildband. Er zeigt, welche Vielfalt an Möglichkeiten der Umgang mit Büchern eröffnet, und lädt ein, in einige der schönsten und interessantesten Bibliotheken der Welt einzutauchen. Gleichzeitig werden Bücherfreunde viele Anregungen für die Gestaltung ihrer eigenen Bücherwelt, ihrer privaten Bibliothek, finden.

Laut *Brockhaus* ist eine Bibliothek eine »planmäßig angelegte Büchersammlung«. Doch was ist planmäßig? In der öffentlichen Bibliothek wird nach einer anderen Systematik gesammelt als in der Privatbibliothek, ein Schriftsteller legt andere Maßstäbe an als ein Designer, ein Verleger oder ein Literaturagent wiederum andere als ein Buchkünstler oder ein Kunstsammler.

Doch gleich welches Ordnungsprinzip einer Sammlung zugrundeliegt – sei es ein ästhetisches, chronologisches, geographisches, biographisches oder schlicht das Alphabet, sei es die Einteilung nach Sachgebieten, Sprachen oder literarischen Epochen: Nie wird das einzelne Buch hinter dem Ganzen der Sammlung zurücktreten, niemals werden Sammler ihre Freude am einzelnen Werk verlieren. Und weil es das individuelle bibliophile Liebhaberstück, die historische Erstausgabe oder einfach der mit Begeisterung verschlungene Roman ist, denen die spontane Zuneigung der Bücherfreunde gilt, sammeln sich Bücher ganz von allein, bevor systematisch Lücken gefüllt und neue Sammelgebiete aufgebaut werden.

Bücher sind Gefährten, Freunde, Ratgeber, Quell des Wissens; Bücher wachsen mit uns, begleiten uns auf unseren Reisen oder wachen über unseren Schlaf. Bücher bevölkern nicht nur Bibliotheken, Bücher finden sich im Wohnzimmer oder in der Küche, im Schlafzimmer, im Kinderzimmer oder im Flur. Bücher sind nicht wegzudenken aus dem Leben der Menschen. Auch wenn immer wieder über das »Ende des Gutenbergzeitalters« spekuliert wird, in dem elektronische Medien das Buch ersetzen – bis auf weiteres gibt es keinen bequemeren Ersatz. Und wer wollte die inspirierende Atmosphäre missen, die entsteht, wenn wir uns, umgeben von Bücherstapeln, auf die Suche nach der einen Information machen und darüber ins uferlose Schmökern geraten?

Zur Buchkultur gehört Sinnlichkeit: Wer streicht nicht gerne über einen ledernen Einband, wer atmet nicht gern den Geruch der Jahrhunderte ein, wer begeistert sich nicht für die typographisch perfekte Abstimmung der Form auf den Inhalt, für illustrativen Schmuck und eine liebevolle Gestaltung?

Und so führt uns der Weg in diesem Buch durch die Tempel und Paläste, die zu Ehren des Buches errichtet wurden; durch stilvolle und gemütliche Privatbibliotheken; zu Handwerkern, die Bücher zu sinnlichen Kunstwerken gestalten: zu einem Kalligraphen, zu einem Drucker, zu einem Buchbinder. Er führt auch zu den Menschen, die den Inhalt der Bücher verantworten: zu Schriftstellern, zu Literaturagenten und zu Verlegern.

Doch das letzte Wort behält, wie immer, der Kritiker.

Susanne von Meiss

I Büchertempel

Geistliche Bibliotheken
Stiftsbibliothek St. Gallen
Biblioteca Angelica, Rom

Hofbibliotheken
Herzog August Bibliothek Wolfenbüttel
Bibliothek Friedrichs II., Schloß
Sanssouci, Potsdam
Bibliothek des Königlichen Hausarchivs, Den Haag

Staatsbibliotheken
Österreichische Nationalbibliothek, Wien
Bibliothèque nationale de France, Paris

Stiftsbibliothek St. Gallen

Oben: Vergitterte Bücherschränke bieten Schutz vor Diebstahl.
Links: Blick Richtung Norden in den barocken Bibliothekssaal von St. Gallen. Die ägyptische Mumie Schepenese (hinten rechts) stammt aus dem 7. Jahrhundert v. Chr.

Im Jahre 612 n. Chr. gründete der irische Wandermönch Gallus eine Einsiedelei, aus der hundert Jahre später das Kloster St. Gallen in der heutigen Schweiz entstehen sollte: Der alemannische Mönch Otmar übernahm 719 als erster Abt die Führung einer »Mönchsgemeinschaft am Grab des heiligen Gallus«, die sich 747 der Benediktinerregel verschrieb. Hinter den Klostermauern entwickelte sich eine emsige Schreibkultur. Im 9. Jahrhundert hatte sich bereits eine ansehnliche Bibliothek gebildet, die einen beträchtlichen Bestand an biblischen, historiographischen und poetischen Schriften enthielt. Unter den 426 Titeln, die im Jahre 888 gezählt wurden, befanden sich Niederschriften der Regel der Benediktiner aus den Jahren 800 bis 810 und die beiden Lebensbeschreibungen der Gründerheiligen Gallus und Otmar, verfaßt um das Jahr 830.

Ende des 9. Jahrhunderts unternahmen Reiterhorden aus dem Gebiet des heutigen Ungarn Raubzüge durch ganz Europa; als sie 926 vor den Toren des Klosters St. Gallen standen, galt es, den Schatz des heiligen Gallus, der aus Gold, Silber und Büchern bestand, zu verteidigen.

Der Weitsicht der tapferen Wiborada, die in der Nähe des Klosters als Einsiedlerin lebte, ist es zu verdanken, daß das kirchliche Eigentum rechtzeitig in Sicherheit gebracht worden war. Gold und Silber waren in eine nahe Waldfestung ausgelagert, die Bibliothek auf die Insel Reichenau im Bodensee verlegt worden. Wiborada blieb wegen ihres Gelübdes zurück und wurde von den enttäuschten Eindringlingen erschlagen. Für ihren Opfermut wurde sie im Jahre 1047 von Rom heiliggesprochen. Sie wird als Patronin der Bibliotheken und Bibliophilen verehrt.

Die Benediktinerabtei zu St. Gallen mit ihrer Klosterschule und der gutbestückten Bibliothek, die zum Weltkulturerbe der UNESCO gehört, war vom 9. bis 11. Jahrhundert eine der bedeutendsten Pflegestätten der Buchkunst und Geisteskultur nördlich der Alpen. Ihre gelehrten und schöpferischen Mönche gingen in die europäische Kulturgeschichte ein. Hier lebten die Buchmaler und Kalligraphen Wolfcoz, Folchart und Sintram, die Dichter

Blick auf die wunderschön geschwungenen Naturholzregale, hier mit den Ordnungsbuchstaben A und B. Unter A werden vorwiegend Bibeldrucke aufbewahrt.

und Musiker Ratpert und Tuotilo. Notker Balbulus, zu deutsch Notker der Stammler, war im 9. Jahrhundert in St. Gallen als Lehrer und Dichter von Sequenzen tätig. Der Stiftsdekan Ekkehart I. verfaßte im 10. Jahrhundert geistliche Hymnen und Gedichte. Sein Neffe Notker Labeo, das heißt Notker der Großlippige, schrieb und kommentierte Übersetzungen lateinischer Schultexte, mit denen er eine philosophische und theologische Terminologie in althochdeutscher Sprache schuf, die für die Entwicklung des Deutschen große Bedeutung erlangte.

Als 1805 das Kloster im Zuge der Umwälzungen der napoleonischen Epoche aufgehoben wurde, blieb die Bibliothek erhalten. Sie dient heute als wissenschaftliche Studien- und Leihbibliothek, während die herrliche Schaubibliothek Wechselausstellungen ihrer kostbaren Manuskripte und Inkunabeln – die Inkunabelsammlung umfaßt rund 1000 Bände – organisiert. Inkunabeln oder Wiegendrucke heißen die vor 1500 auf den ersten Druckerpressen hergestellten Bücher, die oftmals mit Holzschnitten illustriert sind. Insgesamt zählt die Stiftsbibliothek rund 150 000 Bände, gut 2000 einzigartige Handschriften befinden sich darunter. Vierhundert dieser Handschriften sind vor dem Jahre 1000 entstanden.

Der Büchersaal der St. Galler Stiftsbibliothek wird als der schönste säkulare Rokokosaal der Schweiz bezeichnet, eine perfekte Synthese aus barocker Raumgestaltung und Rokokodekoration. Das Gebäude, in dem die Bibliothek noch heute untergebracht ist, wurde in den Jah-

Die Bücher, die in den oberen Regalen stehen, müssen für die Benutzer mit Hilfe von Holzleitern heruntergeholt werden. Zu sehen sind hier Bücherschränke mit den Ordnungsbuchstaben R (vorne) und T (hinten).

Improperien und Kreuzigungsdarstellung aus einem um 1065 entstandenen Gesangbuch. Stiftsbibliothek St. Gallen, Handschrift Nr. 376, S. 190/191.

ren 1758 bis 1767 erbaut und ausgestattet. Der Architekt Peter Thumb aus dem Bregenzer Wald schuf diesen rechteckigen, fast 29 Meter langen und 7,40 Meter hohen zweigeschossigen Saal mit den breiten Wandpfeilern, die von hohen Bücherschränken umschlossen werden. Durch 34 Fenster flutet Licht in den stimmungsvollen Raum. Ein Meisterwerk ist auch der hölzerne Boden: Seine Intarsien, in deren Mitte sich jeweils ein Stern befindet, wurden genau unter den großformatigen Gemälden im Deckengewölbe eingearbeitet. Die Deckengemälde, die die ersten vier ökumenischen Konzile des 4. und 5. Jahrhunderts zeigen, datieren aus dem Jahre 1762; sie sind von dem in Rom ausgebildeten Maler Josef Wannenmacher aus Württemberg geschaffen worden. Die griechische Inschrift über dem Portal des Bibliothekssaals bedeutet übersetzt: »Heilstätte für die Seele«.

Biblioteca Angelica, Rom

Oben: 1762 wurde das Klostergebäude, das noch heute die erlesene Biblioteca Angelica beherbergt, von dem italienischen Architekten Luigi Vanvitelli konzipiert. Rechts: Die eleganten dreistöckigen Regale mit ihren geschwungenen Eisenbalustraden sind das Werk von Nicola Fagioli.

Seit es Bücher gibt, gibt es auch Buchliebhaber mit einem Gespür für das Besondere. Im 16. Jahrhundert war der römische Augustinerpater und Titularbischof Angelo Rocca einer von ihnen. Der hochgebildete Humanist und Doktor der Theologie liebte die Schriftstellerei und das Sammeln von seltenen Buchexemplaren, und als Direktor der Buchdruckerei des Vatikans unter Papst Sixtus V. saß er direkt an der Quelle. Er stattete die Klosterbibliothek der Augustiner mit den wichtigsten Schriften aus und machte sie der damaligen gelehrten Öffentlichkeit zugänglich. Insgesamt 20 000 Bände trug Angelo Rocca bis zu seinem Tode im April 1620 zusammen und hinterließ sie den Mönchen des Augustinerkonvents. Die Biblioteca Angelica war geboren.

Roccas Beispiel folgend, schenkten während der nächsten Jahrhunderte römische Adlige und gelehrte Geistliche ihre kostbaren Büchersammlungen der Augustinerbibliothek. Der Kurator der Bibliothek des Vatikans, Lukas Holste, überließ den Augustinermönchen 1661 seine 3000 Bände umfassende Kollektion, die viele wertvolle Ausgaben enthielt. 1762 konnten die Augustiner ihren Bücherbestand mit einer einzigen Schenkung gleich verdoppeln: Die umfangreiche Privatbibliothek des Kardinals Domenico Passionei kam in ihren Besitz. Dazu gehörten auch Texte, die der päpstliche Gesandte von seinen Reisen durch das protestantische Europa mitgebracht hatte.

Das römische Kloster wurde Zeuge der religiösen Konflikte in Europa. Die Augustiner trugen in ihrer Bibliothek die wichtigsten Schriften der Reformation und Gegenreformation zusammen – sehr zur Freude der Gelehrten, die ihre Thesen mit diesen Texten zu erläutern suchten.

Die umfangreichen Neuerwerbungen führten zu Platzproblemen, so daß die Mönche im 18. Jahrhundert den Architekten Luigi Vanvitelli beauftragten, das Augustinerkloster umzubauen. Der große Lesesaal mit seinem Kuppelgewölbe und den dreistöckigen Bücherwänden wurde zusammen mit dem noch heute existierenden Gebäude 1765 fertiggestellt.

Oben: Zu den 1100 Inkunabeln gehört das erste in Italien gedruckte Buch: De Oratore von 1465.

Links: Ohne Index kein Buchfund: Der erste vollständige, handgeschriebene Katalog der Biblioteca Angelica datiert aus dem Jahre 1786.

1873 übernahm der italienische Staat die Biblioteca Angelica. Sie umfaßt heute rund 200 000 Bände, von denen die Hälfte zwischen dem 15. und 18. Jahrhundert gedruckt worden ist. Neben religiösen Texten finden sich hier Werke so großer italienischer Dichter und Denker wie Dante, Petrarca und Boccaccio, Bücher über die Geschichte Roms, etwa 1100 Inkunabeln und unzählige seltene Editionen. Erwähnenswert sind eine Handschrift aus dem 9. Jahrhundert, die das *Liber Memorialis* der Abtei von Remiremont enthält, das berühmte, wunderbar illuminierte Werk *De Balneis Puteolanis* aus dem 13. Jahrhundert und ein Miniaturkodex der *Divina Commedia* Dantes aus dem 14. Jahrhundert.

Könnte Bischof Angelo Rocca heute die imposante Biblioteca Angelica an der Piazza S. Agostino in Rom besuchen, wäre er sicher stolz auf die einzigartige Sammlung, deren Grundstein er mit seinem Gespür für das Erlesene gelegt hat.

Herzog August Bibliothek Wolfenbüttel

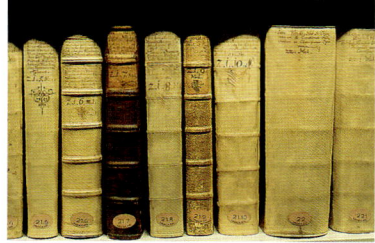

Oben: Die Bücher der Bibliothek Herzog Augusts d. J. sind nach Formaten getrennt und nach der Höhe der Buchrücken sortiert. Rechts: Das Gebäude der Bibliotheca Augusta wurde 1883 bis 1887 im Stil der italienischen Renaissance errichtet.

Die herzogliche Bibliothek in Wolfenbüttel hatte vor rund dreihundert Jahren den Ruf, die umfangreichste Büchersammlung Europas zu sein. Das brachte ihr den Beinamen »Achtes Weltwunder« ein. Zu verdanken war diese Ehre August dem Jüngeren, Herzog zu Braunschweig und Lüneburg. Er lebte von 1579 bis 1666 und regierte das kleine Fürstentum zwischen Harz und Heide im Norden Deutschlands von 1635 bis zu seinem Tode. Der gebildete und vielseitig interessierte Herzog schuf die Voraussetzungen für den Ausbau der fürstlichen Bibliothek zu einer herausragenden Sammlung. Nachdem er die Residenz in Wolfenbüttel 1643 bezogen hatte, überführte er ein Jahr später auch seine beispiellose Büchersammlung von Schloß Hitzacker an der Elbe und integrierte sie in die von Herzog Julius 1572 gegründete Bibliothek im Marstall des Schlosses.

Schon als siebenjähriger Junge vertiefte sich August in Bücher und sammelte, was er bekommen konnte. Er begann mit seinen Schulbüchern, die er genauestens nach Kaufdatum und Preis auflistete und mit einer Registernummer versah. Die Studentenjahre verbrachte er in Rostock, Tübingen, Straßburg und in Italien; von überall her brachte er Bücher mit.

Da sich der Herzog erst im Alter von 56 Jahren mit Regierungsaufgaben befassen mußte, blieb ihm viel Zeit, den Bestand seiner Sammlung zu erweitern und sich auch selbst schriftstellerisch zu betätigen. Bereits Ende des 16. Jahrhunderts bediente sich August einer modernen Beschaffungsmethode: Er spannte ein Netz von Buchagenten über die Länder Europas. Nicht zuletzt als Folge des Dreißigjährigen Krieges bot das geplagte Europa im 17. Jahrhundert besonders viele Gelegenheiten zum Erwerb interessanter Schriften. So entstand die Bibliotheca Augusta, eine wahrlich – wie es wörtlich übersetzt heißt – »erhabene« Bibliothek.

Als August 1666 starb, hinterließ er rund 135 000 Titel in 35 000 Bänden, die die europäische Kulturgeschichte ausführlich dokumentierten. Der Herzog hatte jedes Buch einer speziellen Abteilung zugeordnet, den Fakultäten der Universitäten mit ihren einzelnen Disziplinen entsprechend: Theologica,

Blick in die Augusteerhalle, die in dieser Gestalt während eines grundlegenden Umbaus zwischen 1960 und 1972 entstanden ist. In dieser Halle ist der Kernbestand der Bibliothek untergebracht. Kostbare Handschriften und Drucke werden in Vitrinen ausgestellt.

Historica, Politica, Ethica, Geographica, Juridica, Bellica, Oeconomica, Medica und Astronomica. Bis heute hat sich diese Einteilung nur wenig verändert. August hatte seine kostbaren Bände zum Schutz mit einer Hülle aus kräftigem Pergament versehen, die mit grünen Leinenbändern verschlossen wurde; auf den Buchrücken verzeichnete er handschriftlich die Inhalte. Die so entstandene »weiße« Bibliothek ist noch heute in Wolfenbüttel zu bewundern.

Von 1706 bis 1710 wurde aus Platzgründen ein eigenständiges Gebäude für die Bibliothek errichtet. Das hatte es vorher noch nirgends gegeben! Es entstand die berühmte Rotunde mit dem Globus auf dem Dach als Symbol für die weltumspannenden Wissenschaften. Der Bau fiel in die Amtszeit des Philosophen und Universalgelehrten Gottfried Wilhelm Leibniz, der seit 1676 Hofrat des Welfenhauses war, dessen Geschichte er verfaßte, und der die Bibliothek von 1691 bis 1716 leitete. In der Liste der Bibliothekare erscheint auch der Schriftsteller, Theaterkritiker und Aufklärer Gotthold Ephraim Lessing, der die Leitung von 1770 bis 1781 innehatte: ebenfalls ein »qualificirter gelahrter« Mann, wie es Herzog August bereits ein Jahrhundert zuvor für diese Stelle gefordert hatte.

Wegen Baufälligkeit wurde in den 1880er Jahren ein weiterer Neubau erstellt. Die berühmte Rotunde wurde abgerissen und ist nur noch als Modell

Oben: Wolfenbütteler Handschrift des Sachsenspiegels, Vorrede: Cod. GUELF. 3.1 Aug. 2°, 1ʳ.

Rechts unten: Evangeliar Heinrichs des Löwen, entstanden um 1188 im Kloster Helmarshausen, 1983 ersteigert: COD. GUELF. 105 Noviss. 2°. Diese kostbare Handschrift befindet sich im gemeinsamen Besitz des Landes Niedersachsen, des Freistaates Bayern, der Bundesrepublik Deutschland und der Stiftung Preußischer Kulturbesitz Berlin.

im Lessinghaus zu besichtigen. 1887 wurde das noch heute genutzte prunkvolle Haus bezogen. Es beherbergt die musealen Räume der Herzog August Bibliothek mit der herzoglichen Büchersammlung, dem Karten- und Globenkabinett, dem Kabinett der *Livres de peintres* – das sind Werke der Weltliteratur, die von großen Künstlern des 20. Jahrhunderts illustriert und gestaltet worden sind –, einer Dauerausstellung zu Kalligraphie und Druckkunst, einem kleinen Lesesaal und den Tresorräumen, in denen auch das Evangeliar Heinrichs des Löwen aufbewahrt wird. In jedem Jahr ist es für sechs Wochen ab Anfang Oktober zu sehen. In der Schatzkammer und in den Vitrinen in der Halle werden ständig wechselnde Kostbarkeiten der Bibliotheca Augusta präsentiert.

Interessant ist ein Blick in die Besucherbücher. In denen aus dem 18. und 19. Jahrhundert begegnet man Namen wie Voltaire, Casanova, Mirabeau und Mendelssohn. Große Anziehungskraft besitzt die Sammlung von Handschriften, für die Wolfenbüttel in der Gelehrtenwelt bekannt ist. Sie besteht aus rund 11 750 Exemplaren, von denen 3000 ins Mittelalter gehören, aber auch ein Ovid-Fragment aus dem späten 5. Jahrhundert. Als erste für die Sammlung erworbene Handschrift ist der Text eines Johann Liechtenauer über die Fechtkunst aus dem 15. Jahrhundert unter dem Datum 17. Juni 1555 registriert. Die frühe Zeit des Buchdrucks wird in Wolfenbüttel durch 3500 Inkunabeln dokumentiert.

Die zu einer modernen Forschungs- und Studienstätte für europäische Kulturgeschichte ausgebaute Bibliothek umfaßt heute 850 000 Titel. Zu ihr gehören acht Gebäude aus dem 17. bis 20. Jahrhundert. Das einfache, zugleich aber geniale Katalogsystem, das auf ihren Begründer und Namensgeber zurückgeht, wurde in den vergangenen Jahren durch moderne Technik ersetzt.

Bibliothek Friedrichs II., Schloß Sanssouci, Potsdam

Rechts: Auch dieses militärgeschichtliche Werk über Ludwig den Großen ist in rotes Ziegenleder gebunden.
Links: Zwischen den hohen, rundbogigen Zedernholznischen der Bibliothek bewacht Friedrich der Große, 1770 von Bartolomeo Cavaceppi in Marmor gehauen, seine 2100 erlesenen Bücher.

Drei Menschen verdankt der preußische König Friedrich II., genannt der Große, seine uneingeschränkte Liebe zur französischen Literatur: seiner Kinderfrau Marthe de Rocoulle, seinem Erzieher Jacques Egide Duhan de Jandun und seinem Sekretär Charles Etienne Jordan. Dank der königlichen Leidenschaft ist eine der erlesensten Büchersammlungen Europas entstanden – die Bibliothek im Schloß Sanssouci in Potsdam.

Nach der Thronbesteigung im Jahre 1740 war es seiner Majestät ein dringliches Anliegen, in jedem seiner herrlichen Schlösser eine Bibliothek einzurichten. In der Folge entstanden sechs königliche Schloßbibliotheken mit rund 7000 Bänden.

In Sanssouci, dem von Georg Wenzeslaus von Knobelsdorff im Jahre 1746 fertiggestellten Sommerschloß, hat Friedrich seine geliebten Bücher – wie im Rheinsberger Schloß – in einer kreisrunden, turmartigen Bibliothek unterbringen lassen. Mit 2100 Bänden ist sie die größte der königlichen Sammlungen. Der preußische Herrscher pflegte eine sehr eigenwillige Beziehung

Oben: Ein Buch Voltaires mit persönlicher Widmung an Friedrich II. liegt aufgeschlagen vor einer Miniatur aus dem Jahre 1769, die den König zeigt.

Rechts: Der vergoldete Schreibtisch war 1746 von Carl Scheffler nach Sanssouci geliefert worden.

zu seinen Büchern, oftmals eine tiefere und liebevollere als zu seinen Mitmenschen. Stets wollte er die Bücher in seiner Nähe wissen und gab sie nur ungern aus der Hand. Deshalb trennt allein ein schmaler Gang die Bibliothek von Schlaf- und Arbeitszimmer. Bis zu seinem Tode 1786 verbrachte Friedrich der Große das Sommerhalbjahr überwiegend in Sanssouci.

Die Wände des runden Raumes erstrahlen in Gold und Braun; eine rosa und blaßgrüne Kuppeldecke, gekrönt von einer vergoldeten Sonne, und ein Parkettboden aus Nußbaum- und Ahornholz verleihen der Bibliothek ihr königliches Ambiente. Vorrangig findet sich hier die französische Literatur des 17. und 18. Jahrhunderts neben Werken aus der griechischen und römischen Geschichtsschreibung. Daß die Bücher in französischer Sprache geschrieben sind, verwundert nicht, denn der König von Preußen war – im Einklang mit dem europäischen Geschmack seiner Zeit – französisch gebildet, und die französische Sprache galt als Lingua franca der Gelehrten im 18. Jahrhundert.

Die in Friedrichs bevorzugter Farbe Rot gehüllten Bücher sind in vier Wandschränke eingeordnet. Über diesen sind ovale Kartuschen angebracht, auf denen die vier Lieblingsfachrichtungen Friedrichs II. symbolisiert werden: Bildhauerei, Malerei, Musik und Astronomie.

Hinter Glas stehen hier Werke Homers, Platons, Herodots, Plutarchs, Marc Aurels, Caesars, Virgils und Senecas sowie der Franzosen Corneille, Racine, Molière, Montesquieu, Bayle und natürlich Voltaire. Der Dichter und Philosoph Voltaire wurde oft nach Sanssouci eingeladen und verweilte gern hier; seine Schriften bilden einen der Mittelpunkte der Bibliothek. Die Beziehung zwischen Friedrich II. und Voltaire war nicht ohne Spannungen, trotzdem bestand eine tiefe und enge Freundschaft zwischen beiden. Voltaires handgeschriebene Widmung für »seinen« König in einem der rot gebundenen Essaybände läßt erkennen, wie sehr er Friedrichs Wertschätzung seiner Gedanken genoß.

Bibliothek des Königlichen Hausarchivs, Den Haag

Um die Hofbibliothek des Hauses Oranien-Nassau zu erreichen, geht man an den ehemaligen Pferdeställen vorbei und kann einen Blick auf die prachtvolle goldene Kutsche und die eleganten Kaleschen werfen, die auch heute noch zu festlichen Anlässen benutzt werden. Ein schmaler Weg führt vor ein stattliches Haus. In diesem rechteckigen Bau im Zentrum von Den Haag direkt neben dem Königlichen Palast Noordeinde befindet sich das Archiv der niederländischen Königsfamilie.

Die Entstehung der Bibliothek geht auf das Ende des 19. Jahrhunderts zurück. Königin Emma, die nach dem Tode ihres Mannes, König Wilhelms III., im Jahre 1890 die Regentschaft für die erst zehnjährige Königin Wilhelmina übernommen hatte, gab 1895 den Bau des Königlichen Archivs in Auftrag, um etliche Familienbibliotheken zusammenzuführen. Viele alte Bücher, darunter illuminierte Schriften aus dem Mittelalter und Autographen sowie Dokumente aus der Geschichte des Hauses Oranien-Nassau – Geburts-, Heirats- und andere Urkunden sowie Korrespondenzen – fanden hier ihren Platz.

Heute ist das Gebäude in eine Dokumentationsabteilung, eine Bibliothek, eine Kunst- und Geschenkesammlung und ein Archiv gegliedert. Alles, was zur Geschichte des Hauses Oranien-Nassau gehört, hat Eingang gefunden: kostbare Geschenke von Staatsgästen, Galauniformen und Orden, Gemälde, Statuen, Miniaturen und Schmuckstücke, Fotografien, Bücher und Dokumente.

In der wechselvollen Geschichte der Niederlande spielte das Haus Oranien-Nassau bereits früh eine Rolle. 1572 übernahm Wilhelm von Oranien die Führung im Aufstand gegen die spanische Vorherrschaft. Im 17. und 18. Jahrhundert waren die Oranier erbliche Träger des Amtes eines Provinzialstatthalters. Als die Niederlande 1795 von französischen Truppen besetzt wurden, flohen die Oranier. Nach dem Sturz Napoleons wurde auf Beschluß des Wiener Kongresses 1815 das Königreich der Vereinigten Niederlande unter der Herrschaft des Oraniers Wilhelm I. gegründet. Obwohl durch die

Oben: Die Bücher, Dokumente und Vorträge werden teilweise noch heute in alter Manier kästchenweise katalogisiert.
Rechts oben: Den Hauptgang der Bibliothek schmücken Skulpturen und Familienporträts.
Rechts unten: Die Statuette stellt König Wilhelm II. dar.

Flucht 1795 vieles verlorenging, befinden sich noch heute zahlreiche Dokumente und Bücher aus den zurückliegenden Jahrhunderten im öffentlichen Teil der Königlichen Bibliothek.

Die Sammlung in der zweigeschossigen privaten Familienbibliothek dokumentiert die Geschichte des Hauses Oranien-Nassau seit der Rückkehr in die Niederlande im Jahre 1813 und besteht größtenteils aus Büchern des 19. und 20. Jahrhunderts. Da stehen Schul- und Kinderbücher wie *Gullivers Reisen* aus dem Besitz der Königin Wilhelmina, die als erste Frau auf dem niederländischen Thron saß, neben einer wunderbar verzierten Bibel aus dem Jahre 1855, aber auch die illuminierten Statuten des Ordens vom Goldenen Vlies aus der zweiten Hälfte des 15. Jahrhunderts fehlen nicht. Das älteste Dokument ist eine Teilungsakte zwischen den beiden Brüdern Graf Walram und Graf Otto von Nassau aus dem Jahre 1255. In Ehren gehalten werden persönliche Widmungen wie die »from her old friend Franklin D. Roosevelt« aus dem Jahre 1943 für Königin Wilhelmina oder die vom Juni 1985 »to your majesty Queen Beatrix, love, Andy Warhol«. Ganz besonders stolz ist man im Hausarchiv auf die meisterlich gebundenen und dekorierten Lederbände aus der Zeit des Jugendstils und des Art déco.

Anfang der 1990er Jahre wurde damit begonnen, die rund 80 000 Bücher des Archivs computertechnisch zu erfassen. Dieser private Bereich steht jedoch hauptsächlich Wissenschaftlern und geladenen Besuchern offen.

Die besonders wertvollen und wichtigen Bücher und Schriften sind auf der Empore im zweiten Bibliotheksgeschoß untergebracht. In Gips gegossen: die Köpfe der sechzehnjährigen Königin Wilhelmina und des russischen Zaren Nikolaus I.

Österreichische Nationalbibliothek, Wien

Oben: Das Deckengemälde in der Kuppel, entstanden zwischen 1726 und 1730, ist das berühmteste Werk von Daniel Gran.
Links: Die prachtvolle ehemalige Hofbibliothek in Wien, geplant von Johann Bernhard Fischer von Erlach, gehört als »Universität des Wissens« zu den bedeutendsten Bibliotheken der Welt.

Den »Austriaca« – gemeint ist damit die gesamte von Österreichern verfaßte Literatur sowie die über Österreich geschriebenen Werke – gilt der Sammelauftrag der Österreichischen Nationalbibliothek in Wien, kurz ÖNB genannt. Es werden auch alle im Ausland erschienenen Werke österreichischer Autoren erfaßt. Laut Internetauskunft unter http://www.onb.ac.at/index.htm. vom 15. Januar 1999 lagern in der ÖNB 5 849 795 Schriften. Der Bestand enthält 51 000 Handschriften, 280 000 Autographen, 50 000 Musikhandschriften, 140 000 Papyri und 44 290 Exlibris. 7967 wertvolle Inkunabeln sind zu bestaunen. Daß die Internetangaben am nächsten Tag bereits überholt sind, bringt die Schnellebigkeit elektronischer Datenerfassung mit sich. Weit aufregender als die Statistik ist die Entstehungsgeschichte der ÖNB. Sie beginnt mit lernfreudigen und wißbegierigen Regenten.

Bereits im 14. Jahrhundert sammelte der österreichische Herzog Albrecht III. neben Kunstgegenständen, Juwelen und Kuriositäten auch wertvolle Bücher. Seine Schätze lagerte er in zwei Sakristeien der Wiener Burgkapelle. Aus dieser Quelle kommt nachweislich das älteste Buch der Bibliothek: ein im Jahre 1368 in Goldlettern geschriebenes, reich illustriertes Evangeliar.

Kaiser Friedrich III. machte es sich hundert Jahre später zur Aufgabe, alle wichtigen Kunstschätze aus dem habsburgischen Erbe zusammenzustellen. Dazu gehören die *Wenzelsbibel* – eine lange vor Luthers Übersetzung angefertigte deutsche Bibelausgabe, die zwar unvollendet blieb, aber trotzdem 2400 kostbar illustrierte Seiten füllt – sowie eine Abschrift des wichtigsten Grundgesetzes des Heiligen Römischen Reiches, der auf Geheiß Kaiser Karls IV. im Jahre 1356 verfaßten *Goldenen Bulle*, die unter anderem die Königswahl regelte. Diese beiden Dokumente der europäischen Geschichte sind hier ebenso zu bewundern wie eigene Werke Kaiser Maximilians I., des Sohnes Friedrichs III., der als begeisterter Schriftsteller Texte zu seiner Lebensgeschichte verfaßte und den kaiserlichen Bestand an Handschriften nicht unwesentlich vergrößerte. Durch die Heirat Maximilians mit Maria von Burgund kamen die bedeutendsten Exemplare der burgundischen und nordfranzösischen Buchkunst in habsburgischen Besitz. Die zweite Heirat Maximilians mit Bianca Maria Sforza bescherte den Habsburgern viele italienische Meisterwerke der Druckkunst. Am 30. Dezember des Jahres 1500 ließ der Kaiser seine Bücher, die er in diversen Truhen verstaut hatte, zählen und die feucht gewordenen Blätter mit warmen Tüchern trocknen. Fortan sollten sie in offenen Schränken aufbewahrt werden, »damit die püecher nit verderben und kains davon verloren wird, auch niemand darüber gee«.

Ende des 16. Jahrhunderts – unter der Ägide des holländischen Bibliothekars Hugo Blotius – begann man, den kaiserlichen Bestand von zirka 9000 Büchern und Handschriften zu inventarisieren und zu katalogisieren. Die strukturellen Grundlagen für eine moderne Bibliothek waren geschaffen. Im Jahre 1624 bestimmte Kaiser Ferdinand II., daß von jedem gedruckten Buch ein Exemplar an die kaiserliche Bibliothek abzugeben sei.

Der Prunksaal wird bewacht von imposanten Statuen und Büsten, die Herrscher und Feldherren aus der österreichischen Geschichte darstellen. Schon im 18. Jahrhundert war die Hofbibliothek ein Ort, den durchreisende Gelehrte und Diplomaten gern besuchten.

Dargestellt als römischer Imperator, beherrscht Karl VI., der Vater Maria Theresias, seine barocke Universalbibliothek. Im Mitteloval des Raumes befinden sich auch die 15 000 Bände des Prinzen Eugen – alle in rotes, blaues und gelbes Maroquin-Leder gebunden.

Hundert Jahre später erfolgte die Grundsteinlegung für ein eigenes Gebäude der Hofbibliothek: Kaiser Karl VI. hatte 1722 den Bau des noch heute genutzten Gebäudes am Josefsplatz veranlaßt. Die Pläne stammten von Johann Bernhard Fischer von Erlach; dessen Sohn, Joseph Emanuel, errichtete das Bauwerk in den Jahren 1723 bis 1726. Es zählt noch heute zu den glanzvollsten Beispielen europäischer Barockarchitektur. Der großartige rechteckige Prunksaal ist 77,7 Meter lang, 14,2 Meter breit und 19,6 Meter hoch. Die gewaltige Kuppel, die eine Höhe von fast dreißig Metern erreicht, wurde von dem Freskenmaler Daniel Gran mit einer allegorischen Bildfolge über den Bibliothekenbau und ihren Schirmherrn, Karl VI., ausgemalt. Die Bücherwände reichen bis unter die Decke; um an die oberen Regale zu gelangen, sind Galerien eingezogen worden. Bis ins 19. Jahrhundert hinein beherbergte dieser Barocksaal mit seinen Seitenkabinetten sämtliche Handschriften, Inkunabeln, Druckschriften, Landkarten, Globen, Musikhandschriften, Notendrucke, Autographen, Handzeichnungen und Druckgraphiken der Wiener Hofbibliothek.

Der Untergang der k. u. k. Monarchie läutete auch für die Hofbibliothek eine neue Ära ein: Sie wurde 1920 Nationalbibliothek und ist seitdem zugänglich für die Öffentlichkeit.

Bibliothèque nationale de France, Paris

„In Bibliotheken fühlt man sich wie in Gegenwart eines großen Kapitals, das geräuschlos unberechenbare Zinsen spendet."
Dieser zweihundert Jahre alte Gedanke Goethes hat nichts von seiner Gültigkeit verloren. Die Bibliotheken mögen sich verändert haben, der Gewinn bleibt.
Stellen wir uns Bibliotheken der Goethezeit vor, so sehen wir überbordende Regale vor uns und einen Bibliothekar wie aus einem Gemälde Spitzwegs, der den Eindruck erweckt, jedes Buch selbst gelesen zu haben, und der vielleicht auch noch Tips zum schonenden Umgang mit seinen Lieblingen gibt. Der damalige Leser und natürlich die ebenfalls zahlreichen Leserinnen waren nicht irgendwer, sondern gehörten zu den Menschen, die es sich leisten konnten, in ein Buch vertieft, in Ruhe und voller Genuß zu lesen. Lesen war mit einem Hauch von Luxus umgeben. Mit anderen Worten: Bei dem Gedanken an vergangene Zeiten entsteht vor unserem geistigen Auge eine Idylle.

Zurück in die Gegenwart. Wer heute in der neuen Bibliothèque nationale de France, die nach François Mitterand benannt ist, in ihrem futuristischen Neubau im Osten von Paris ein Buch ausleihen möchte, zahlt zunächst eine Eintrittsgebühr: Die Tageskarte kostet derzeit umgerechnet sechs Mark, das Jahresabonnement sechzig Mark, Studenten zahlen die Hälfte. Ist diese Hürde genommen, wird dem Ausleihwilligen im Lesesaal einer der mit Computern eingerichteten Arbeitsplätze zugewiesen; von hier aus können die Bücher per Mausklick bestellt werden. Aus den Magazinen in den vier gläsernen Ecktürmen oder den unterirdischen Lagerräumen werden die gewünschten Exemplare mit Hilfe eines vollautomatischen Transportsystems in weniger als dreißig Minuten herbeigeschafft. Die Lampe am Arbeitsplatz blinkt, wenn die Bücher abholbereit sind. Man braucht ein Buch zur Lektüre aber auch gar nicht mehr in den Händen zu halten, denn inzwischen sind rund 90 000 Bücher digitalisiert oder auf CD-ROM zu haben. Zusätzliche Möglichkeiten bietet natürlich das Internet.

Rechts: Der Arbeitsplatz eines Bibliothekars in der alten Bibliothèque nationale de France (BnF), die zwar »nur« 90 000 Bücher fassen konnte, dafür eine ganz besondere Initimität vermittelte.

Unten: Ein Keller voller Atmosphäre in der alten BnF, Rue de Richelieu, Paris.

Links: Durch das hohe Rundbogenfenster blickt der Besucher in die Salle Labrouste. Die Bücherbestände waren in der alten Bibliothèque nationale de France auf verschiedene Stockwerke verteilt, in der neuen BnF lagern sie in vier Ecktürmen.

Links: Durchschnittlich alle 130 Jahre in neuen Räumen – 1720 Einweihung der Bibliothek, 1873 und 1995 Umzug. Vorhergehende Doppelseite: Eine Basilika zu Ehren des geschriebenen Wortes schuf im 19. Jahrhundert der französische Baumeister Henri Labrouste: die gigantische Salle Labrouste.

Dieses System ist unbestreitbar schneller und effektiver als alles Dagewesene, über die Atmosphäre kann man dagegen geteilter Meinung sein. Es gibt nicht wenige, die der großen *Salle Labrouste* an der Rue de Richelieu im Herzen von Paris, dieser von Henri Labrouste zwischen 1860 und 1873 errichteten Metallkonstruktion mit ihren neun gewaltigen Kuppeln, nachtrauern. Platzprobleme haben jedoch den Neubau am Rande der Stadt erzwungen. Fünf Jahre wurde gebaut, bis 1995 der Umzug beginnen konnte. Bei der Einweihung fehlte es nicht an großen Worten. »Kathedrale des Wissens und Tempel des Geistes« hat der Begründer der neuen Nationalbibliothek, François Mitterand, die Geistesstätte mit den von Halogenlicht durchfluteten Sälen genannt. Elf Millionen Bücher stehen hier auf vierhundert Regalkilometern.

In der Freihandbibliothek versorgt die neue BnF täglich 6000 bis 7000 Besucher an 2000 Arbeitsplätzen mit Büchern. An den Wochenenden sind es sogar 12 000 bis 13 000 Lesewillige. Der Präsident der BnF, Jean-Pierre Angremy, und seine Mitarbeiter sind mit diesen Zahlen zufrieden. Vorbei sind die Zeiten, in denen die Besucher in langen Schlangen vor dem alten Gebäude warten mußten. Heute kommen sie schneller an die Zinsen eines großen Kapitals.

II Bücher sammeln

Spezialsammlungen
Fürst und Fürstin Ferdinand von Bismarck, Friedrichsruh
Bibliotheca Bodmeriana, Cologny bei Genf
Reiner Speck, Köln
Gertrud von Heiseler, Brannenburg
Herry Schaefer, Zürich
Graf und Gräfin Christoph Douglas, Frankfurt am Main
Melanie Bosanquet-Munk, Paris
Anton Mosimann, London

Clubs
Quinta Patino, Alcoitão bei Estoril
Jockey Club, Buenos Aires

Berühmte Sammlungen
Biblioteca Riccardiana, Florenz
Can Vivot, Palma de Mallorca

Fürst und Fürstin Ferdinand von Bismarck, Friedrichsruh

Oben: Familientradition: Das Fürstenpaar hat einen Teil des schriftlichen Nachlasses von Reichskanzler Otto von Bismarck auf Schloß Friedrichsruh untergebracht. Rechts: Das Bild in der großen, holzgetäfelten Halle stellt Malvina, die geliebte Schwester des ehemaligen Reichskanzlers, dar.

Auf dem Landsitz Friedrichsruh im Sachsenwald herrscht auch hundert Jahre nach seinem Tode der Geist des Reichskanzlers Otto von Bismarck. Obwohl sein Urenkel Fürst Ferdinand von Bismarck und dessen Frau, Fürstin Elisabeth von Bismarck, ihren herrlichen Familiensitz ganz persönlich eingerichtet haben, begegnet man dem berühmten Vorfahren auf Schritt und Tritt. Mehrfach von Franz von Lenbach wunderbar porträtiert, betrachtet er von den Wänden herab das rege Treiben in der gemütlichen, holzgetäfelten Halle des Schlosses. Bismarck-Büsten in Ton, Gips oder Holz zieren vergitterte Wandregale, auf denen unzählige historische Schriften aus dem vorigen Jahrhundert stehen. »Da Friedrichsruh ein paar Tage vor Kriegsende noch ausgebombt wurde, hat sich die Bibliothek sehr dezimiert. Es gibt hier nur noch etwa 1000 Bände«, erzählt der Hausherr, der zum 100. Todestag seines Urgroßvaters die *Anmerkungen eines Patrioten* – ein Rückblick in die deutsche Geschichte mit aktuellen Themenbezügen – herausgegeben hat.

Otto von Bismarck wurde 1815 in Schönhausen in der Altmark geboren, war seit 1845 politisch tätig und wurde nach der Reichsgründung 1871 zum Reichskanzler ernannt. Für seine treuen Dienste schenkte ihm Kaiser Wilhelm I. den Sachsenwald, wo er nach seiner Entlassung als Reichskanzler durch Kaiser Wilhelm II. hauptsächlich verweilte. »In Friedrichsruh stehen Bücher zur europäischen Geschichte aus verschiedenen Jahrhunderten und Werke, die zu gesellschaftspolitischen Fragen Stellung nehmen, sowie ein großer Teil der deutschen klassischen Literatur«, beschreibt von Bismarck die Bibliothek gleich neben der Halle.

Dieser stilvolle, in dunklem Grün gehaltene Raum, der einst Teil des Ankleidezimmers des Reichskanzlers war und wie das ganze Haus von Ferdinands Mutter Ann-Mari von Bismarck nach dem Krieg neu gestaltet wurde, ist heute als familiärer Gesprächstreffpunkt beliebt. Vor allem aber ist er das Arbeitszimmer des Hausherrn. Hier verbringt er seine Zeit am liebsten mit dem Studium der Schriften deutscher Philosophen wie Kant und Nietzsche

Links: Die grüne Bibliothek gehörte einst zum Ankleidezimmer Otto von Bismarcks. Nach dem Brand kurz vor Kriegsende entschied sich Ferdinands Mutter, Ann-Mari von Bismarck, für ein neues Interieur. Das Mobiliar stammt teilweise noch aus dem Besitz des alten Reichskanzlers.

Oben: Viele Objekte und Bücher, die einst zu Ehren Otto von Bismarcks geschaffen wurden, zieren noch heute die Räume in Friedrichsruh.

und hofft, daß er noch dazu kommen wird, die »wunderbaren Theaterstücke Schillers näher kennenzulernen«. Neben der Verwaltung des großen Familienbesitzes kümmert sich der Fürst als Mitglied des Kuratoriums der Bismarck-Stiftung in Friedrichsruh um den Nachlaß seines Urgroßvaters, da das Familienarchiv als Dauerleihgabe der Stiftung zur Verfügung gestellt wurde. Eines Tages soll es im restaurierten Bahnhof des Dorfes untergebracht werden.

Die Hausherrin, Elisabeth von Bismarck, eine beliebte Gastgeberin und engagierte Künstlerin, malt mit Vorliebe surrealistische Allegorien. Dazu zieht sie sich am allerliebsten in ihr kleines Atelier im unteren Stockwerk zurück. »Dies ist meine Welt, hier habe ich auch meine englischen historischen Romane, meine Reisebücher und meine Bände über Malerei – ohne Bücher könnte ich nicht leben«, erklärt sie.

Ganz anderen Büchern gilt ihre besondere Liebe. Die kann man nicht in die Hand nehmen und darin blättern, denn sie sind nur auf Leinwände gemalt und fliegen in surrealistischer Manier durch die Luft. Dazu erklärt die Fürstin: »In Marbella, wo ich den Sommer verbringe, bin ich bei einem meiner zahlreichen Flohmarktbesuche auf zwei großformatige graubraune Leinwände gestoßen. Und was entdeckte ich unter Schmutz und Staub? Surrealistisch gemalte Bücher – eine fliegende Bibliothek!«

Bibliotheca Bodmeriana, Cologny bei Genf

Die Bibliotheca Bodmeriana ist in zwei klassizistischen Gebäuden in einem wunderschönen Park mit Blick auf den Genfer See untergebracht. Martin Bodmer, ihr Begründer, erlangte mit seiner Büchersammlung Weltruhm.

Martin Bodmer wollte immer nur das Beste, das Älteste, das Ursprünglichste, das Authentische — die Urschrift schlechthin. Deshalb gehört die Bibliotheca Bodmeriana in Cologny bei Genf heute zu den bestbestückten Bücherkollektionen der Welt. Der Schweizer, der 1899 in eine alteingesessene Zürcher Familie hineingeboren wurde und 1971 starb, suchte sein Leben lang nach besonderen Schriftstücken, die die Reise des Menschen durch die verschiedenen Zeitalter dokumentieren. Die Bibel, die antiken Gesänge Homers und die Werke Dantes, Shakespeares und Goethes dienten ihm als die »fünf Säulen«, auf die er seine Sammlung stützte und aufbaute.

In der Bodmeriana sind die wunderbarsten Exponate babylonischer Rollen, Papyrusblätter mit den ältesten biblischen und antiken Texten, mittelalterliche Manuskripte und viele Erstausgaben zu bewundern. Die Sammlung zeigt ägyptische Reliefs und Totenbücher neben Keilschriften auf Ton. Anzuschauen sind alte Landkarten, Kupferstiche, Zeichnungen und das als ältestes Schriftstück geltende Dokument: ein morgenländischer Friedensvertrag, in Ton geritzt und 2400 Jahre v. Chr. geschlossen.

»Doch Martin Bodmers große Liebe galt stets den fünf von ihm selbst so genannten Säulen, die seine persönliche Bibliothek der Weltliteratur trugen«, erklärt Professor Martin Bircher, Direktor der Bibliotheca Bodmeriana. Wer die klassizistischen Gebäude besucht, die inmitten eines romantischen Parks mit Sicht auf den Genfer See, die Stadt und das Juragebirge liegen, ist überwältigt von der Vielzahl einzigartiger Schriften.

In Vitrinen werden die Exponate aufgeschlagen und thematisch geordnet gezeigt, so daß ein jedes Sammlerherz bei ihrem Anblick höher schlägt: wunderbar handbeschriebene Papyrusblätter mit Gesängen aus der *Ilias* Homers aus dem 3. Jahrhundert; die *Gutenbergbibel*, dieses begehrte, allererste 42zeilige lateinische und auf der ersten Druckpresse hergestellte Buch von 1452; eine große Sammlung von Inkunabeln. In einem Glaskasten daneben ist die farbenreich illustrierte *Divina Commedia* Dantes zu bewun-

Links: Nach Martin Bodmer gibt es
fünf »Säulen« als unvergleichliche Beweise
des menschlichen Genies: Homer,
die Bibel, Dante, Shakespeare und Goethe.

dern, die er 1378 geschrieben hat. Weitere prachtvolle Exponate sind Handschriften von Johann Wolfgang Goethe, darunter Teile des *Faust II*. Nach Weimar, der Stadt, in der Goethe mehr als ein halbes Jahrhundert lebte und wirkte, verfügt man in Cologny über eine der größten Goethe-Sammlungen der Welt. Allein rund 1000 verschiedene Schriften zum *Faust* hat Martin Bodmer zusammengetragen. Neben einer vollständigen Kollektion der Übersetzungen in europäische Sprachen bietet die Bodmeriana auch Übertragungen ins Arabische, Türkische, Chinesische, Armenische, Georgische, in Yiddish und sogar ins pakistanische Urdu. Um für Bodmer interessant zu sein, mußte eine Ausgabe nach der Urschrift des Verfassers erarbeitet oder von ihm persönlich gutgeheißen und möglichst von ihm selbst korrigiert worden sein.

Links oben: Die Gutenbergbibel, Mainz 1452–1454.
Rechts oben: Maximos Planudes, Das Leben des Äsop. Griechische Handschrift, Italien, zweite Hälfte des 15. Jahrhunderts.

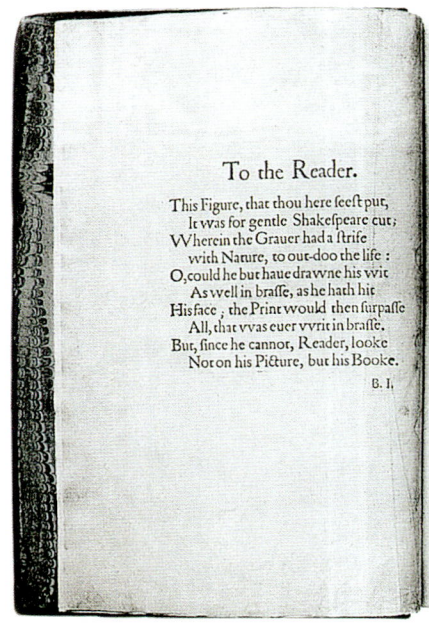

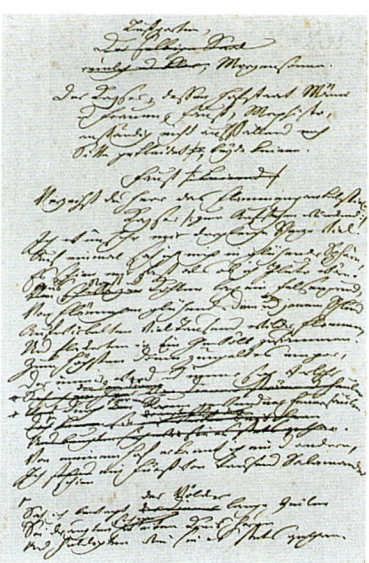

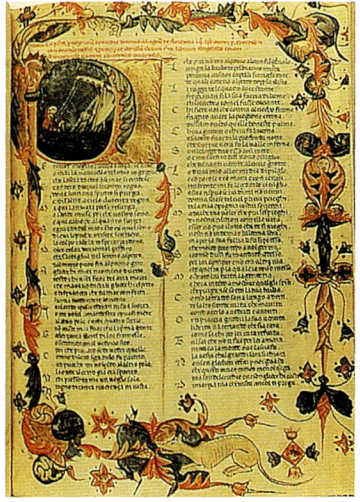

Links oben: William Shakespeare, Erste Folio-Gesamtausgabe, London 1623.
Rechts oben: Johann Wolfgang Goethe, Faust II, eine Szene aus dem 1. Akt, Autograph des Dichters.
Links unten: Dante Alighieri, La Divina Commedia, 1378, Codex Severoli, Beginn des »Paradiso«.
Rechte Seite: Blick aus dem Arbeitszimmer Professor Birchers in die Eingangshalle.

In den 1950er Jahren legte der Schweizer Bibliophile den Grundstein für eine andere seiner Säulen: Aus Amerika erwarb er über siebzig Shakespeare-Erstdrucke, datiert zwischen dem Ende des 16. und dem Anfang des 17. Jahrhunderts. Damit wurde er unter anderem stolzer Besitzer der frühesten Ausgaben von William Shakespeares *Much Ado About Nothing, Henry the Fourth, Troilus and Cressida*, der Sonette sowie der vier Folio-Gesamtausgaben.

Neben Bodmers fünf Säulen hat die Bibliothek noch unendlich viel mehr Schätze zu bieten, darunter Handschriften des *Nibelungenliedes*, der *Canterbury Tales* von Geoffrey Chaucer aus dem 15. Jahrhundert im originalen Lederschutzmäppchen, des *Canzoniere* von Petrarca. Vorhanden sind zudem das Blatt von Martin Luthers 95 Thesen gegen den Sündenablaß von 1517, mit denen die Reformation begann, die Erstausgabe von *Don Quijchote*, den Miguel de Cervantes Saavedra im 17. Jahrhundert schuf, das Autograph der ältesten Märchensammlung der Brüder Grimm von 1810 sowie wichtige Handschriften von Rilke, Herder, Stifter, Lessing, Hesse, Baudelaire, Balzac und Oscar Wilde, um nur eine Auswahl aufzuzählen, die die Sammlung ihr eigen nennen kann.

Der besessene Bücherkenner und Büchersammler Martin Bodmer brachte diese gewaltige Privatkollektion kurz vor seinem Tode in eine Stiftung ein. Auf diese Weise können viele kostbare Dokumente der Kulturgeschichte in der Bibliotheca Bodmeriana der Öffentlichkeit zugänglich gemacht werden – ganz im Sinne ihres Begründers.

Reiner Speck, Bibliophiler Kunstsammler, Köln

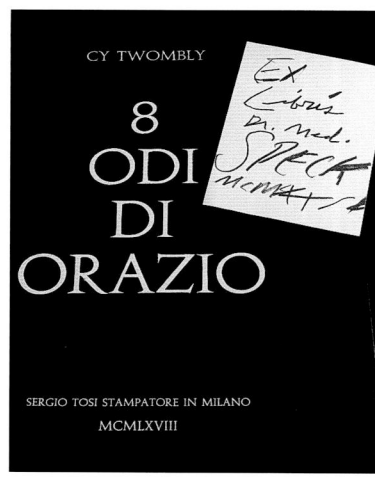

Oben: Eine von Cy Twombly 1968 mit Siebdrucken illustrierte Horaz-Ausgabe; darüber das von Twombly für den Sammler entworfene Exlibris.

Rechts: Learn to read art – apprendre à lire l´art – eine Wort-Skulptur von Cy Twombly. Als Sopraporten dienen subtile Papierarbeiten von Mario Merz und Walter de Maria.

Das mittelgroße rechteckige Stück Papier, von großzügiger Hand mit wenigen Worten beschrieben, könnte als Bindeglied zweier Welten bezeichnet werden, als das verbindende Element der beiden großen Leidenschaften des Professor Dr. Reiner Speck: Kunst und Buch. Oder Buch und Kunst. Das hellbeigefarbene Stück Papier ist das persönliche Exlibris des bekannten Kölner Sammlers, und entworfen hat es der amerikanische Künstler Cy Twombly. »Es ist zu groß, um es in meine Bücher zu kleben«, gesteht der Arzt, dessen bedeutende Kunst- und Büchersammlungen Weltruf erlangt haben, mit einem fast entschuldigenden Lächeln und legt es sorgfältig in ein Mäppchen zurück.

Die Ordnung in den Sammlungen Speck folgt einem persönlichen Prinzip des Hausherrn. Da gibt es kein langes Suchen in einem Schränkchen, kein orientierungsloses Herumtasten in den verschiedenen Bücherregalen und auch keinen einzigen Fehlgriff in die hintere, verborgene Bücherreihe. Die treibende Kraft hinter diesem für einen Außenstehenden nicht zu durchschauenden Schema ist seine Sammelleidenschaft. »Schließlich basiert meine gesamte Sammeltätigkeit, diese mich ständig fordernde Passion, dieses Suchen nach dem letzten fehlenden Stück stets auf dem einen – auf dem Wort«, erläutert der Mann, der seine gesamte Freizeit dem Leben und Schaffen Marcel Prousts, dem Werk Petrarcas und der zeitgenössischen Kunst verschrieben hat. »Und so ist auch meine Kunstsammlung ganz automatisch aus dem Geiste meiner Bibliothek entstanden.«

Weil für Reiner Speck am Anfang das Wort war, versucht er, stets auf das erste handgeschriebene oder gedruckte Wort zurückzugehen. Daß er in seiner »Bibliotheca Proustiana Reiner Speck« unzählige Erstausgaben, fast sämtliche Übersetzungen – die japanische hält er für die einfühlsamste – einige Originalzeichnungen, gefaltete Korrekturfahnen und rund 2500 Bände Sekundärliteratur besitzt, ist für den Begründer und Präsidenten der deutschsprachigen Marcel Proust Gesellschaft mit Sitz in Köln selbstverständlich. Beim vorsichtigen Durchblättern einer Erstausgabe von *Du Côté*

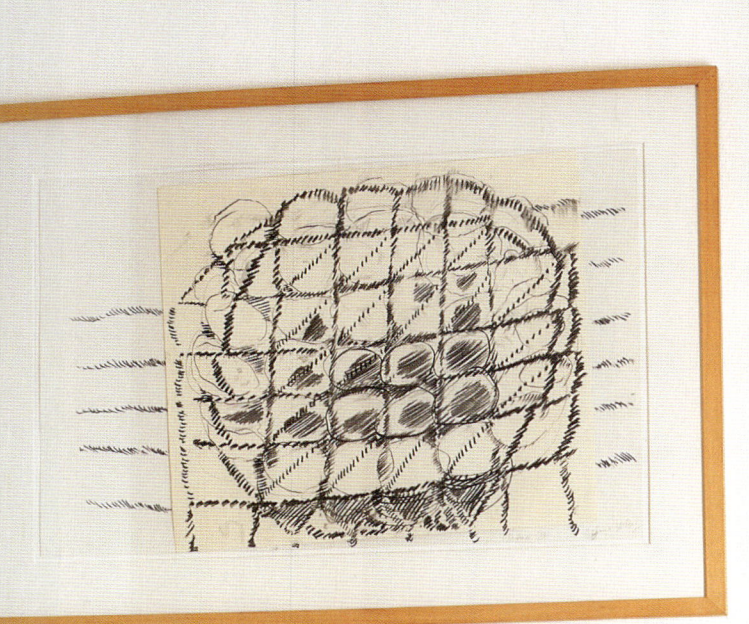

de Chez Swann aus dem Jahre 1913 gerät der sonst eher zurückhaltende Mann ins Schwärmen: »Schauen Sie, hier zu Beginn ist ein kleiner Druckfehler – Wochen später ist er aber im neuen Druck korrigiert und verschwunden. Daß ich diesen Fehldruck besitze, der nur kurz auf dem Markt war, freut mich ganz besonders.« Die tägliche Proust-Lektüre gehört zum Leben von Reiner Speck wie die Nahrungsaufnahme und der Schlaf, »denn je mehr ich von ihm und über ihn lese, desto mehr möchte ich erfahren – es ist eine kontinuierliche, fast obsessive Beschäftigung.«

»Ein wahrer Sammler geht über die Grenzen seiner Leidenschaften hinaus«, stellt Reiner Speck ohne Umschweife fest und fügt mit leiser Stimme hinzu, daß sein Beruf als Arzt ihn glücklicherweise immer wieder daran erinnere, auf die Stimme der Vernunft zu hören und ab und zu innezuhalten. Den-

Links: Einer der Schwerpunkte von Reiner Specks Lese- und Sammelleidenschaft ist Marcel Proust, der mit zahlreichen Autographen, Briefen, Zeichnungen, Widmungsexemplaren und etwa 3000 Primär- und Sekundärwerken Regale und Schubladen füllt.

Links: In enger Nachbarschaft zu seinen Büchern plaziert der lesende Kunstsammler mit Vorliebe von ihm sogenannte »Bibliotheks-Bilder«, deren Inhalt oder Form durch das geschriebene Wort geprägt sind; hier Zeichnungen von Cy Twombly, entstanden zwischen 1959 und 1978.

noch bleibt es ein Rätsel, wie dieser Mann es schafft, überall gegenwärtig und stets mit Geist und Seele hundertprozentig bei der Sache zu sein: in seiner Arztpraxis, bei den wichtigen Kunstausstellungen, auf den großen Auktionen, in Galerien, auf Ärztekongressen, auf Messen, bei Händlern, auf Kunstmärkten, bei befreundeten Künstlern. Darüber hinaus hält er Vorträge, publiziert Essays zur Kunst-, Literatur- und Medizingeschichte, organisiert Tagungen und Ausstellungen, reist, beobachtet, wählt aus, dokumentiert und ordnet ein – und immer wieder wird gelesen. »Es ist alles eine Sache der Organisation«, meint der Vielbeschäftigte völlig gelassen, »irgendwie geht alles immer auf. Vielleicht bei mir mit einem kleinen Unterschied – ich brauche nicht sehr viel Schlaf und arbeite auch nachts. Dabei wäre ich noch glücklicher, wenn ich mit einer einzigen Stunde Schlaf auskommen könnte.« Die wunderbare Hauptbibliothek im Erdgeschoß seiner Jahrhundertwende-Villa – eine Wand ist Petrarca, eine andere Proust vorbehalten, die anderen Wände Kunstwerken des 20. Jahrhunderts – hat der passionierte Bücher- und Kunstsammler so eingerichtet, daß er beim Lesen direkt durch die großen Glastüren in seinen prachtvollen Garten blicken kann. »Wir haben die Lage unseres Hauses genauso gewählt, wie Proust seine Hotelzimmer auszusuchen pflegte: jeweils am Ende eines Ganges. Und so sind wir ans äußerste Ende dieser Straße mit freiem Blick in die Natur gezogen«, erklärt Reiner Speck. Am allerliebsten aber würde er auf einem Felsen am Meer mit einer Schloßbibliothek wohnen. In dem »Wir« sind die Ehefrau und die Tochter des Kölner Arztes inbegriffen.

Auf die Frage nach seiner Familie führt der Hausherr ins obere Stockwerk der alten Villa zu einer besonderen Art Familienporträt. Es hängt über dem dunklen Holzbett im Schlafzimmer, ist von seinem Freund Cy Twombly gemalt und trägt den Titel *Portrait: Herr Dr. Reiner Speck*. »Es ist in Umbrien entstanden, wo Twombly im Sommer wohnt«, erklärt Speck das Familienporträt. »Hier sehen Sie zwei Kinderzeichnungen unserer damals dreijährigen Tochter Laura, die Twombly in das Bild integriert hat; weiter unten stehen die Buchstaben *M. P.* für Marcel Proust und gleich darunter: *Petrarca Poeta Laureatus*. Ich habe unserer Tochter Laura, die nach der Angebeteten Petrarcas benannt ist, in ihre Wiege die erste Inkunabel, einen sogenannten Wiegendruck, des großen italienischen Dichters des 14. Jahrhunderts gelegt. Das war 1975 – und seit damals ist meine Petrarca-Sammlung zusammen mit unserer Tochter gewachsen.« Doch zurück zu Cy Twomblys Familienbild. Reiner Specks Antworten auf die in der Manier eines Proustschen *Questionnaire* gestellten Fragen des amerikanischen Künstlers – zu seinen Lieblingsmusikern, Lieblingsfarben, Lieblingszahlen und Lieblingsorten – hat Twombly in Form von Schriftzeichen, Kommentaren und Farbtupfern in das großformatige Bild integriert.

Das Porträt beschreibt den Menschen Reiner Speck. Das Bild neben der Eingangstür zur Bibliothek enthält eine besondere Widmung an den bibliophilen Kunstsammler: *Learn to read art – apprendre à lire l'art* heißt es, und geschaffen hat es der New Yorker Künstler Lawrence Weiner im Jahre 1984. »Es ist das Schlüsselbild für meine Bücherwelt«, erklärt der Besitzer unzähliger Schriftbilder und Schriftobjekte. Ob Cy Twombly oder Joseph Beuys, Marcel Broodthaers oder On Kawara, ob Sigmar Polke oder Mario Merz, Jannis Kounellis oder Bruce Nauman, Albert Oehlen oder Martin Kippenberger, ob Thaddeus Strode oder Raimond Pettibon, Walter de Maria oder Hamish Fulton, Thomas Schütte oder Georg Herold – allen gemeinsam ist die Aussage mittels Schrift, Sprache, Wort, Zeichen und Ziffer.

Einer wurde noch deutlicher. Der Künstler Georg Herold schuf 1990 einen fast mannshohen Kegel, den er *Mountains of Cocaine* betitelte. Auch dieses Werk hat für den Sammler Dr. Reiner Speck Identifikationscharakter, »denn es repräsentiert wohl aufs deutlichste den Stoff, den wir Süchtigen tagtäglich brauchen.«

Die Schriften des italienischen Dichters Francesco Petrarca, der oft als erster wahrer Humanist und Renaissancemensch bezeichnet wird, prägen in Gestalt von Inkunabeln und wunderschön gebundenen Frühdrucken die Aura der Speckschen Bibliothek.

Gertrud von Heiseler, Literaturkennerin, Brannenburg

Ein Bauernhaus voller Bücher:
Genau 14 781 Exemplare konnte Gertrud
von Heiseler im Sommer 1998 ihr eigen
nennen. Die Buchliebhaberin hat
jedes ihrer Bücher gelesen, oft sogar mehrmals.

Der Phlox blüht üppig dunkelrosa, und die Schwertlilien scheinen fast schon schwarz; die Kühe auf der Weide am Hang hinterm Haus sehen wie hingemalt aus; eine alte Kastanie überdacht ein lauschiges Sitzplätzchen. Und wo, bitte, sind die 15 000 Bücher? »Im Stall«, lacht die Dame des Hauses, »aber keine Angst, der ist umgebaut.«

Seit fast sechzig Jahren wohnt Gertrud von Heiseler in dem entzückenden abgelegenen Bauernhaus in Oberbayern. Es ist das Elternhaus des Schriftstellers Bernt von Heiseler, ihres verstorbenen Mannes. »Dieses fünfhundert Jahre alte Haus hat unendlich viel erlebt«, erzählt die alte Dame, die ihre Jugend in der russischen Mandschurei, später in Rom und in Salzburg und schließlich in Wien verlebt hat. »Es war das Zuhause unzähliger Flüchtlinge während der langen Kriegsjahre, es war unser geliebtes Familienheim, und es war – das ist sehr wichtig – stets eine Stätte der Begegnung«, berichtet sie weiter.

Noch heute empfängt Gertrud von Heiseler mit Begeisterung Gäste; die meisten sind lesefreudig, vorlesegewandt und literarisch so bewandert wie sie selbst. »Ich liebe es, gemeinsam mit Freunden zu lesen«, schwärmt die passionierte Gastgeberin. »Jemandem zuzuhören, der gut rezitiert, ist ein Genuß«, fährt sie fort. Täglich trifft sich die engagierte geistreiche Dame mit ihrer Lesepartnerin zum Frühstück. »Wir laden uns abwechselnd ein und lesen eine Stunde lang Pascal, Augustinus oder Dostojewskij«, berichtet sie. Seit über zehn Jahren führt Gertrud von Heiseler einen wöchentlich stattfindenden Lesekreis im Dorf und fährt regelmäßig zu einem großen Lesezirkel nach München.

»Mit zwölf Jahren habe ich zum erstenmal *Schuld und Sühne* von Dostojewskij gelesen«, erinnert sie sich, »und war so fasziniert, daß ich das Buch immer wieder lesen mußte.« Während ihrer Studienzeit, die sie der Germanistik, Geschichte und Philosophie widmete und mit der Promotion abschloß, begegnete sie dem bedeutenden österreichischen Kulturphilosophen Rudolf Kassner. »Er war eine beeindruckende Persönlichkeit! Ein Mann, dem ich

Den Schreibtisch in ihrem kleinen Schlafzimmer liebt Gertrud von Heiseler besonders. Hier liest sie oft, bewacht von einem Engel, den Marlene Neubauer schuf, und einem Aquarell von Anton Lehmden.

stundenlang zuhören konnte und von dem ich unendlich viel gelernt habe«, erinnert sich Gertrud von Heiseler nicht ohne Stolz. Sie fiel dem bekannten Essayisten während einer Lesung auf, »als ich noch so jung und unerfahren war, er aber sofort erkannt haben muß, daß in mir ein ungeheurer Wissensdrang steckt«, fügt sie beinahe schüchtern hinzu. Von da an traf sich das ungleiche Paar jeweils samstags zum Tee und sprach über kulturgeschichtliche Themen oder philosophierte über das Weltbild des großen Gelehrten. Das Gesamtwerk Rudolf Kassners ist selbstverständlich in der Bibliothek seiner gelehrigen Schülerin präsent. Von besonderem Wert sind für sie die vielen Briefe, die sie über Jahre hinweg von Rudolf Kassner erhalten hat. »Seine Briefe sind zauberhaft und voller Poesie und halten in mir die wunderbaren Erinnerungen an eine einmalige Zeit wach.«

Auch ihren späteren Ehemann hatte die nicht zu bremsende Wißbegier der jungen Gertrud fasziniert: Gemeinsam mit ihm drang sie immer tiefer in die Welt der Literatur ein. Bernt von Heiseler, der durch seine Romane *Die gute Welt* und *Versöhnung* sowie Essays und Bühnenstücke bekannt geworden war, weckte in seiner jungen Frau die Liebe zum Rezitieren. »Er hatte ein erstaunliches Gedächtnis und konnte abendfüllend vortragen«, erinnert sie sich. Er rezitierte oft, wenn das Haus voller Gäste war: Der Lyriker Hans Carossa, der Dichter Max Mell sowie Stefan George und viele andere kamen gern zu Besuch. »Wo könnte es schöner sein als in diesem abgelegenen herrlichen Garten und diesem Haus zu verweilen und zu lesen und zu diskutieren?« fragt Gertrud von Heiseler. »Sagen Sie mir wo?« Verschweigen will sie, daß der entzückende Bauerngarten mit seiner einzigartigen Schwertlilienvielfalt dank ihrer Passion und Geduld entstanden ist, und daß das alte Bauernhaus so hell und freundlich erstrahlt, weil sie es eigenhändig in fröhlichen Farben gestrichen hat.

Blick ins einstige Arbeitszimmer des Schriftstellers Bernt von Heiseler. Jedes Buch wird von Frau von Heiseler eigenhändig katalogisiert und in den entsprechenden Karteikästen abgelegt.

Begonnen wurde der Umbau des Bauernhauses zum großzügigen Familiensitz schon zu Anfang des 20. Jahrhunderts, als Bernt von Heiselers Vater Henry, ebenfalls Schriftsteller von Beruf, zusammen mit dem Architekten Henry van de Velde Baupläne schmiedete. »Das Haus hatte folgendermaßen aussehen sollen: vorn bayrischer Bauernhof, hinten Schloß Sanssouci und überdacht werden sollte das Ganze wie eine russische Datscha!« erzählt Gertrud von Heiseler lachend. »So weit kam es nicht, doch entstanden damals auch die Räume, die heute unsere vielen Bücher beherbergen.«

14 781 Exemplare sind es ganz genau – das hat sie in einer fein säuberlich handgeschriebenen Kartothek festgehalten. »Kein Buch wird vergessen! Da waren mein Mann und ich immer sehr genau.«

In der Anordnung ihrer Bücher gingen die von Heiselers stets nach System vor: Auf der Galerie »wohnen« die Erst- und Gesamtausgaben; gesondert stehen alle Kunstkataloge von 1946 bis heute – »aber nur von den Ausstellungen, die wir besucht haben« – und gegenüber »die Griechen, die Römer und die Russen«. Die Bibliothek ist auf zwei Räume verteilt, die die Hausherrin graublau gestrichen hat. In einem Raum befindet sich die deutsche Literatur, alphabetisch geordnet, im Nebenzimmer stehen Werke aus verschiedenen Ländern sowie Lexika und Ausgaben der Welt- und Literaturgeschichte. Griffbereit neben dem ehemaligen Schreibtisch von Bernt von Heiseler ist seine Handbibliothek mit den Lieblingswerken von Novalis, Hofmannsthal, Wedekind, Dante, Shakespeare und Homer zu finden.

In unzähligen Kunstbänden kann man im Gästezimmer blättern, während Städte-, Länder-, Völker- und Naturgeschichte die Regale des Schlafzimmers der Hausherrin zum Bersten bringen. Überall zwischen den Büchern sind Schätze versteckt. »Diese kleine Teekanne gehörte Goethe und stammt aus Weimar, die Gipshand auf dem Fensterbrett ist die von Henry von Heiseler, dieser Kasten enthält fünfundvierzig Farblithographien von Marc Chagall, die Aquarelle sind von Anton Lehmden, und den Todesengel dort auf meinem Pult hat Marlene Neubauer kreiert«, erklärt Gertrud von Heiseler. Kein Stück im alten Bauernhaus, das sie nicht kennt oder liebevoll benennt! Und in keinem Buch in den unzähligen Regalen fehlt ihr Exlibris: »Denn wenn jemand schon ein Buch stiehlt, soll er wenigstens ein schlechtes Gewissen haben«, gibt mir meine eloquente Gesprächspartnerin mit auf den Weg.

Herry Schaefer, Sammler, Zürich

Ein Sammlerleben in Kisten: »Krankhaft«, so sagt Herry Schaefer selbst, wird alles gesammelt, was auch nur im entferntesten mit Kunst auf Papier zu tun hat. Wo er seine unzähligen Briefe und die russischen Propagandaplakate unterbringen soll, weiß er noch nicht.

»Ich bin uferlos«, stellt Herry Schaefer mit einem verzweifelten Gesichtsausdruck fest. »Ich sammle alles – Bücher, Manuskripte, Landkarten, Briefe und Briefmarken, Dokumente, alte Aktien und Obligationen, Stiche, Musiknoten, Plakate, Propagandapamphlete, Kinoreklamen – eigentlich alles, was mit Papier zu tun hat. Aber ich besitze auch eine Sammlung osmanischer Mineralwasserflaschen, antiker Lupen, alter Zigarettenschachteln und türkischer Bilder. Ich interessiere mich halt für alles, für jede Kultur, für jede Epoche! Das ist ein riesengroßer Nachteil. Manchmal denke ich, wie schön wäre es, wenn alles abbrennen würde. Dann wäre ich irgendwie erleichtert und könnte wieder von vorne anfangen.«

Der »krankhafte Sammler« – eine Selbsteinschätzung Herry Schaefers – hat mit fünf Jahren sein erstes heißgeliebtes Buch *Tiere ums Haus* und sein erstes Briefmarkenalbum erhalten. Damit nahm der Weg des Sammlers seinen Anfang. »Ich führte zwar bis zum Alter von achtundzwanzig Jahren ein intensives Gesellschaftsleben, aber dann war es vorbei: Statt meine Tage auf dem Golfplatz zu verbringen, besuchte ich jedes Wochenende irgendeinen Flohmarkt, tauchte in einem der mir bekannten Antiquariate in ganz Europa auf oder setzte mich zwischen meine Bücher und suchte nach spannenden Geschichten.« Neben ungeheuer viel Wissen hat ihm seine unaufhaltsame Spürhundtätigkeit auch wunderbare Begegnungen beschert. »Ich habe Menschen getroffen, mit denen ich in meinem normalen Arbeitsleben nie zusammengekommen wäre – Exzentriker, Verrückte, Fanatiker, unglaublich interessante und liebenswürdige Leute, von denen viele Freunde und einige auch Bankkunden geworden sind.«

Der notorische Sammler schwankt zwischen Begeisterung und Verzweiflung. Er droht manchmal, in seinen Sammelobjekten unterzugehen. Zwischen aufgestapelten Kisten voller Briefe und Bücherbergen, die bis unter die Decke reichen, kann man ihn dann in den hintersten Winkeln eines Zimmers, das eigentlich ein Eßzimmer ist, in Papieren wühlend finden. »Seit acht Jahren können wir unser Eßzimmer nicht mehr benutzen«, sagt er

Das Eßzimmer im Hause Schaefer hat schon vor Jahren seine ursprüngliche Funktion verloren. Doch nun werden 30 000 Bücher, zur Freude der Familie, per EDV erfaßt und in eine separate Wohnung überführt.

schuldbewußt, »hier und in anderen Räumen steckt das Resultat einer fünfunddreißigjährigen Sammlertätigkeit.« Kein Tag vergeht, an dem Herry Schaefer nicht die Spur eines interessanten Schriftstücks aufnimmt, an dem er nicht mit einem Gleichgesinnten irgendwo auf der Welt, und sei es im hintersten Sibirien, telefoniert, um dann vielleicht aus Istanbul zu erfahren, wer gerade ein langgesuchtes Buch verkauft. »Gestern habe ich eine Postkarte von Klimt erworben«, erzählt der Privatbankier a. D., »die hat er aus Italien geschrieben und auf der Rückseite mit wunderbaren Silhouetten von Florenz in violet, orange und blau bemalt – ein Traum!«

Besonders am Herzen liegt Schaefer – neben der Geschichte der Indianerstämme Nordamerikas – die Geschichte der Völker auf dem Balkan und des Osmanischen Reiches. Der Schweizer besitzt dazu eine gut gefüllte Schatz-

Mit vielen Sammelstücken verbindet Herry Schaefer ein persönliches Erlebnis. Eines davon ist dieses Kunstbuch über das Schaffen Marc Chagalls, das der Künstler 1969 in Bild und Wort signierte.

truhe: Briefe aus dem 16. Jahrhundert — »zwei Schachteln voll« —, das erste in der Schweiz gedruckte Werk über die Türkei, ein Traktat Luthers gegen die Türken, das Tagebuch des bekannten österreichischen Orientalisten Joseph von Hammer-Purgstall aus dem Jahre 1834, den ersten Türkei-Fremdenführer von 1729 und unzählige in deutsch, englisch oder türkisch geschriebene Bücher zur Geschichte des Osmanischen Reiches. »Ich bin als einziger Ausländer Mitglied in der erlesenen Bibliophilen Gesellschaft von Istanbul«, berichtet Herry Schaefer stolz. Die türkischen Texte, die er nicht alle selbst lesen kann, übersetzt ihm seine türkische Ehefrau.

Außer einem Faible für alles Türkische hat der passionierte Schriftensammler eine Vorliebe für die kleinen Händler, bei denen er zwei bis drei Stücke pro Tag kauft, »denn irgendwie kann ich es nicht mit ansehen, wie die kleinen Händler auf ihrer Ware sitzen bleiben.« An seine aus allen Nähten platzenden Räume denkt er dabei nie.

Das Chaos wird aber bald ein Ende haben. Der Zürcher hat sieben Studenten beauftragt, seine 30 000 Bücher und alle anderen Sammelobjekte zu ordnen und digital zu erfassen. »Damit ich meine Bibliothek einmal öffentlich zugänglich machen kann«, erklärt Schaefer seinen Entschluß. Zu diesem Zweck ist auch schon eine separate Wohnung angemietet worden.

Graf und Gräfin Christoph Douglas, Kunstexperten, Frankfurt am Main

Die Familie Douglas wohnt mit ihren Kindern, dem Hund und ganz vielen Büchern in Frankfurt; nicht in einer der Vorstädte am Fuße des Taunus, sondern mittendrin zwischen Hochhäusern in einem Viertel mit Banken, Restaurants, Zeitungsläden und Lebensmittelgeschäften. Ihr Haus hat den Bombenhagel des Zweiten Weltkriegs überstanden. Die Einrichtung ist klassisch-elegant und gemütlich zugleich – ganz im persönlichen Stil der Hausherrin, Gräfin Bergit Douglas. Sie ist Innenarchitektin, und ihr Berufscredo lautet schlicht: Ein Heim muß die Bedürfnisse seiner Bewohner befriedigen und soll unverwechselbar sein. Für das Heim ihrer Familie bedeutet das, daß es »Geborgenheit und Schutz vor einer hektischen Stadt« bieten muß.

Im Hause Douglas erfüllen insbesondere drei Räume, die Gemütlichkeit und Wärme ausstrahlen und nicht einladender sein könnten, diesen Anspruch: die gelbe, die rote und die grüne Bibliothek. Bücher haben mehrere Funktionen. »Sie sollen sich selbst in Erinnerung bringen«, erklärt Graf Christoph Douglas, promovierter Kunsthistoriker und international anerkannter Kunstberater, »wann, unter welchen Umständen und an welchem Ort sie gelesen wurden. Sie sind stets dominierend und immer präsent, sie fordern auf, weitergelesen zu werden, und bieten – wie eine Barrikade – Schutz vor dem Druck des Alltäglichen.«

Die rote Bibliothek ist das Arbeitszimmer des Kunstexperten, seine wissenschaftliche Hausbibliothek und sein Dokumentationszentrum. Es ist mit einem antiken Schreibtisch und einem alten Ledersofa aus dem 19. Jahrhundert ausgestattet. Die große Bücherwand enthält Kunstbücher, Biographien, Kataloge und Nachschlagewerke. Auch die persönlichen Erinnerungsstücke des Hausherrn stehen hier: ein vergilbtes Foto des Vaters, eigene Kinderbilder und ein kleines Geschenk aus Glas, eine Erinnerung an den Großvater. An der Wand hängt ein Gemälde von Francesco Mola, um 1600 entstanden. Es zeigt einen Mann mit großem Federhut, der in einer offenen Landschaft Bratsche spielt. Wer will, kann es hören! »Hier in meinem Arbeitszimmer

Oben: Die oktogonale gelbe Bibliothek liegt zwischen Eingangshalle, Salon und Speisezimmer.
Folgende Doppelseite: Im Zentrum der gelben Bibliothek steht dieser antike runde Tisch. Die Bronzefiguren stellen Rousseau und Voltaire dar, die Büste stammt aus dem 3. Jahrhundert.

Oben: Das Arbeitszimmer eines Ästheten: Der Kunstexperte Graf Douglas hat seine Bibliothek der Kultur- und Kunstgeschichte gewidmet.

Rechts: Die grüne Bibliothek ist gleichzeitig der Familiensalon, die Fernsehecke und das Arbeitszimmer der Hausherrin.

sollen alle Sinne angesprochen werden«, erklärt der Hausherr. Da der Kunstfachmann daheim stets ohne Schuhe arbeitet, hat er seine selbstkonstruierte Bibliotheksleiter mit ganz flachen Tritten versehen. Alles in diesem Raum ist harmonisch und auf die Bedürfnisse seines Benutzers abgestimmt.

Die gelbe Bibliothek wurde von Bergit Douglas ganz gradlinig und schnörkellos gestaltet. Viele der in diesem achteckigen Durchgang vom Speisezimmer zum Salon untergebrachten Bücher stammen aus dem 18. Jahrhundert. Die Lederbände sind zum Teil von einem Mitglied der Familie handgebunden worden. An einem runden Tisch trifft man sich zu einem Drink vor dem Essen; Vater und Tochter spielen hier auch ihre geliebten Brettspiele.

Die grüne Bibliothek mit geblümten Stofftapeten, einem gemütlichen Kamin und vielen Familienstücken wirkt wie ein kleiner Salon und dient der Innenarchitektin als Büro. Ihr Einrichtungsstil »ganz ohne modischen Schick« zeigt sich auch im Schlafzimmer, das als die vierte Bibliothek gelten kann, obwohl dort nur die Lieblingsbücher des Ehepaares in einfachen Regalen stehen. Nach einem langen Tag sollen sie, bis das letzte Licht gelöscht wird, zu einem Spaziergang in ihre Welt einladen.

Melanie Bosanquet-Munk, Antiquitätensammlerin, Paris

Oben: Liebevoll bewacht wird das Buch aus dem 18. Jahrhundert von einer Heiligenfigur.
Links: Ein Stilleben auf einer antiken französischen Kommode: die geschnitzte Figur aus dem 17. Jahrhundert, die weißen Lilien und dahinter der zweihundert Jahre alte Spiegel.

Hier riecht es so richtig schön nach Büchern. Nicht modrig und verstaubt, sondern nach frischpolierten Lederbänden. »Kein Wunder«, lacht Melanie Bosanquet-Munk, die Besitzerin dieses gemütlich-eleganten *pied-à-terre* mitten in Paris, »Colette, unsere Fee, reinigt und wachst die Bücher einmal wöchentlich mit all ihrer französischen Hingabe.« Kaum hat sich nach einigem Rütteln an dem schweren alten Schloß die Holztür zu Melanies Wohnung öffnen lassen, steht man mitten in der kleinen, aber äußerst feinen Bibliothek. »Anstelle eines langweiligen Entrees und eines selten genutzten Eßzimmers haben wir uns für unsere Büchersammlung entschieden«, erklärt die gebürtige Engländerin, deren Geschmack sich in jedem Detail dieses wunderschönen Appartements widerspiegelt, »denn Bücher geben so viel Wärme und Ambiente und bereiten so ungeheuer viel Spaß.«

Dunkel bemalte Bücherwände im Stil des Empire empfangen den Besucher. Zwischen den wertvollen ledergebundenen Werken aus dem 18. und 19. Jahrhundert steht eine Uhr von André-Charles Boule aus der Zeit des Sonnenkönigs Ludwig XIV. Melanie überläßt selten etwas dem Zufall. Sie sucht ihre erlesenen antiken Möbelstücke, die großen Gobelins für die Wände, die verblichenen Aubusson-Teppiche, die auf den alten, jedoch neu verlegten Holzböden liegen, aber auch jede Figur und jeden Bilderrahmen weltweit auf Auktionen, auf Flohmärkten und bei Händlern aus. »Und auch jedes Buch«, betont die attraktive Dame, die den größten Teil des Jahres mit ihrem kanadischen Ehemann, dem Unternehmer Peter Munk, in Toronto verbringt. »Wir lieben Bücher und reisen weit für einen alten Druck von Molière, Dickens oder Shakespeare.«

Es sind genau 1482 Lederbände, die den Bibliotheksraum »bevölkern« — in guter Gesellschaft mit dem über zweihundert Jahre alten französischen *bureau plat* aus Mahagoni, dem Ledersessel aus der Zeit des englischen Königs Georg III. und einer Büste aus dem 18. Jahrhundert, die den Marquis de Condorcet darstellt. »In Paris stehen unsere Kostbarkeiten, über deren

Rechts: Eine Bibliothek im Empirestil, in der sich Prachtbände aus dem 18. und 19. Jahrhundert finden. Im Hintergrund eine Uhr von André-Charles Boule, davor ein antiker Gobelinstuhl.

Oben: Der Bewacher dieser prächtigen Pariser Bibliothek ist der Marquis de Condorcet. Seine bemalte Terrakottabüste thront unter einer vergoldeten antiken Uhr.

Schönheit wir uns freuen, in denen wir blättern und lesen«, beschreibt Peter Munk die Bibliotheken. »In Toronto und in unserem Berg-Chalet haben wir hingegen Tausende von Büchern, die wir lesen, gelesen haben oder lesen werden.«

Der charismatische Unternehmer, der eine der weltgrößten Immobilienfirmen sein eigen nennt, sagt von sich selbst: »Mich kennzeichnet meine unstillbare Neugier.« Und weil er »nicht anders kann«, liest er, was ihm in die Hände kommt. »Ich liebe Biographien, wie die über Baron Blixen, Eduard VII. oder die kanadische *royal family*, die Eatons, die ich alle zur Zeit lese, oder aktuelle Titel wie George Soros' *Global Capitalism in Crisis*, aber auch Bücher über die Geschichte Kanadas, über das Judentum, Bücher, die sich mit Wirtschaft und Politik befassen – das alles interessiert mich.« Als Ingenieur sei er Realist, deshalb hätten es ihm philosophische Schriften weniger angetan, gesteht er, das sei schon in seinen Jugendjahren so gewesen. Und was die schöne Literatur betrifft: »George Orwells utopischer Roman *1984* war schon damals eher meine Literatur als Werke von Flaubert.«

Allen voran stellt Peter Munk das Buch eines kanadischen Landsmannes, *The Canadian Establishment* von Peter C. Newman, das Kanadas *all time bestseller* sei. Doch diese Art von Büchern gehört nicht ins stilvolle Pariser Büchermekka. »Die sind weniger etwas fürs Auge, dafür mehr für den Geist«, meint Peter Munk lachend, »die dürfen nicht in Melanies elegante Bibliothek – dort würden die farbigen Einbände das wunderbare Bild nur stören.«

Anton Mosimann, Chefkoch, London

Ein ordentlicher Mensch mit einer Vorliebe für Rot – der Meisterkoch Anton Mosimann hat für seine unzähligen Notizen und Erinnerungen im Eingangsbereich zu seiner Kochakademie eine Schachtelwand aus roten Pappkartons kreiert.

Der Londoner Küchenchef Anton Mosimann besitzt eine ganz besondere Gabe für den Umgang mit Speisen. Und mit derselben Liebe und Sorgfalt, mit denen er seine unvergleichlichen Menüs kreiert, behandelt der gebürtige Schweizer auch die Bücher seiner Kochakademie.

Die Bibliothek bildet den Mittelpunkt in dem viktorianischen Schulgebäude am Rande Londons, in dem die Kochschule The Mosimann Academy untergebracht ist; der Club Mosimann's findet sich in der Innenstadt. Diesen kulinarischen Tempel betreibt Anton Mosimann in einer 160 Jahre alten, als Gotteshaus ausgedienten Kirche.

»Ich liebe meine Rezeptbücher«, erklärt der Kochkünstler unumwunden und blättert versonnen in einem Kochbuch aus dem Jahre 1733. Dabei gleitet die Hand liebevoll über die mit Tinte beschriebenen Seiten. »Schauen Sie, ein *cheesecake*-Rezept – ob es damals so anders war als heute?« Schnell überfliegt Mosimann das wunderschön geschriebene und mit Schnörkeln versehene Rezept. Der *cheesecake* hat sich in den letzten 260 Jahren nicht sehr verändert, stellt er zufrieden fest.

Die rund 6000 Exemplare der Bibliothek stehen in modernen, rot-schwarzen Regalen. »Früher alphabethisch, heute nach Speisen und Länderspezialitäten geordnet«, gibt das Kochtalent Auskunft. Zusammen mit ein paar roten Lederstühlen und einem Tisch wirkt die Büchersammlung wie eine kleine Oase der Ruhe und Besinnung, die für die Kreation köstlicher Menüs nötig ist. »Ich weiß genau, wo die Saucen, die Nachspeisen oder die Beilagen zu finden sind«, erklärt Mosimann.

Mit 28 Jahren war er der jüngste *maître chef des cuisines* Englands – im Nobelhotel Dorchester, dem er zwei Michelin-Sterne beschert hat. Das bedeutete den Beginn einer steilen Karriere. Mosimanns Party-Service organisiert Feste für die königliche Familie ebenso wie *events* internationaler Unternehmen. Der Koch mit dem strahlenden Gesichtsausdruck und den unzähligen Auszeichnungen moderierte einige Zeit lang zwei Fernsehshows und hat mittlerweile neun Kochbücher geschrieben. »Auch für diese Arbeit

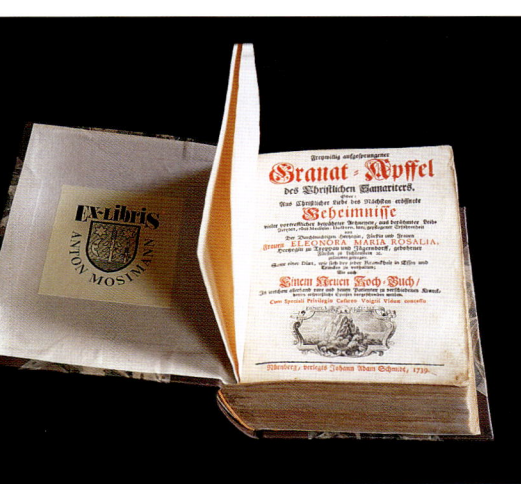

Diese Seite: Die umfangreiche Sammlung besteht aus seltenen und ausgefallenen Kochbüchern aus verschiedenen Epochen und Kontinenten.

brauche ich meine Bücher. Nicht daß ich Rezepte kopiere, nein, das funktioniert gar nicht! Ich lasse mich inspirieren, will erfahren, worauf die großen Franzosen im letzten Jahrhundert Wert gelegt haben, wie Präsidenten speisen, oder ich amüsiere mich auch einfach beim Lesen der Biographien meiner Berufskollegen.«

Neben bekannten alten Kochbüchern wie Mrs. Beeton's *All About Cookery Book* oder dem ebenfalls von dieser Dame verfaßten *Household Management* von 1861 stehen Jules Gouffés *Le Livre de Cuisine* oder *Die sich selbst belehrende Köchin* von Antonie Carême. Penibel nach Ländern sortiert, finden sich die *Nouvelles instructions pour les confitures, les liqueurs et les fruits* weiter oben im Regal als das *Wiener Kochbuch* von Louise Seleskowitz. Alle diese antiken Bücher stehen hinter blankgeputzten Glastüren, während die modernen Rezeptbücher und Rezeptzeitschriften »zum schnellen Gebrauch für alle Kochstudenten« gegenüber in offenen Fächern griffbereit aufbewahrt werden.

Anton Mosimanns Aufenthalt in Japan hat nicht nur die Wahl der Farben Rot und Schwarz für die Ausstattung der Kochakademie beeinflußt, sondern auch sein Faible fürs Minimalistische begründet. Ein Indiz für diese Vorliebe sind die ebenfalls knallroten Pappschachteln, die eine ganze Wand füllen und in denen lose Zettel, Rezepte, Reisenotizen und alles, was wert ist, aufgehoben zu werden, landen.

Quinta Patino, Alcoitão bei Estoril

Hier trafen sich in den 1960er Jahren die europäische Aristokratie und der internationale Jet-set. Die Quinta Patino galt damals als die exklusivste Adresse für rauschende Feste.

Die Quinta Patino, eingebettet in eine hügelige Landschaft oberhalb der portugiesischen Hafenstadt Estoril, ist ein eindrucksvoller, weithin bekannter Komplex mit einer legendären Vergangenheit. Gebaut wurde die Quinta – der portugiesische Begriff bedeutet »ländliches Anwesen, das aus verschiedenen Höfen besteht, die um ein historisches Gutshaus gruppiert sind« – von der Familie Patiño, die aus Bolivien nach Portugal ausgewandert war. Unermeßlich reich geworden durch den großflächigen Zinnabbau in Südamerika, hatte sich Antenor Patiño, der Sohn des Minengründers, nach dem Zweiten Weltkrieg in Europa niedergelassen und in Alcoitão bei Estoril Ende der 1950er Jahre ein großes, halbrundes Landstück mit Blick auf das Meer gefunden, das seinen Ansprüchen genügte. Aus der Nachbarregion Sintra wurde fruchtbare Erde herantransportiert, und man pflanzte Pinien, Oliven-, Orangen- und Zitronenbäume. Mit Hilfe des Architekten Leonardo Castro Freira errichtete Antenor Patiño auf dem höchsten Hügel seine Quinta, die zu einer perfekten Symbiose der portugiesischen Stilepochen des 17. und 18. Jahrhunderts wurde.

Bereits 1961 war dieses architektonische Meisterwerk vollendet. Die großzügigen Wohnräume wurden mit den kostbarsten Antiquitäten aus ganz Europa eingerichtet und mit Werken von El Greco, Goya und Rembrandt geschmückt; die Badezimmer wurden mit den traditionellen blauweißen Kacheln, den *azulejos*, ausgelegt, die alle aus dem 17. und 18. Jahrhundert stammen.

Ein Juwel war und ist die Bibliothek. Dieser imposante Raum mit seinen prächtigen dunkelgrün-goldenen Holzeinbauten wurde als Kopie der berühmtesten Universitätsbibliothek des Landes konzipiert: der Barockbibliothek von Coimbra, die König João V. in den Jahren 1716 bis 1732 errichten ließ. Die Miniatur-Coimbra ist das Werk des Designers Georges Geoffroy, eines Meisters auf dem Gebiet der historischen Nachbildung.

Der Blick vom gelben Salon durch die geöffnete hohe Holztür in die großzügige Bibliothek fällt auf die mit Goldlettern versehenen, verschiedenfarbigen

Die Bibliothek beeindruckt mehr durch ihr kostbares Äußeres als durch den Inhalt: Stilvoll arrangiert, bestehen die Bücher nur aus aufgeklebten Buchrücken.

Lederrücken – ein Traum bibliophiler Schätze, zu denen die *History of Rome*, die *World History*, die *Royal Academy Pictures* und das *Art Journal* gehören. Doch beim Blick auf das zweite Regal wird man stutzig, denn die Titel wiederholen sich! Ein Griff »in« die Bücher genügt, und das Wort Bücherwand bekommt plötzlich eine ganz neue Bedeutung: Anstelle wertvoller, inhaltsschwerer Werke befinden sich nur Holzleisten an den Regalen: Auf sie sind jeweils die gleichen ledernen, goldgeprägten Buchrücken geklebt – Bücher am laufenden Meter, ganz ohne Innenleben, die Imitation einer Bibliothek, eine künstliche Bibliothek!

Die Erklärung ist einfach: Nach dem Tode von Don Antenor Patiño verließ seine Witwe Beatriz das Anwesen und baute sich ein kleineres Haus in der Nachbarschaft. Damit fanden viele der kostbaren Möbel, Bilder und Bücher ein neues Zuhause.

Seit elf Jahren ist die Quinta Patino im Besitz der Groupo Espirito Santo, hinter der eine mächtige und einflußreiche portugiesische Unternehmer- und Bankiersfamilie steht. Die Quinta hat aber ihren Charme bewahren können: Sie wurde hervorragend restauriert und zu einem exklusiven Clubhaus umgebaut. Die wunderschöne Bibliothek besucht man nach dem Essen im eleganten Speisesaal, setzt sich an eines der rot lackierten Tischchen, bewundert die Kassettendecke, bestaunt die Buchrücken – und liest in aller Ruhe die Zeitung.

Die Barockbibliothek von Coimbra, erbaut zwischen 1716 und 1732, war das Vorbild für die Privatbibliothek in der Quinta Patino. Letztere besticht durch ihre wunderbar aufeinander abgestimmten Farbtöne und ihre perfekte Harmonie.

Jockey Club, Buenos Aires

Oben: Konservativ und exklusiv – der Jockey Club in Buenos Aires. Und wer sich mit der Zeitung in die heilige, nur von Männern bevölkerte Halle der Bibliothek setzt, weiß, daß er garantiert nicht gestört wird.
Rechts: In traditionell englischem Stil ist der Lesesaal eingerichtet.

Der Jockey Club in Argentiniens Hauptstadt Buenos Aires ist das Mekka der pferdenärrischen High Society, aber auch der Anhänger der Kultur der sogenannten Alten Welt. Das eine ist der sportlichen Seite des Clubs zu verdanken, das andere seinen gesellschaftlich-kulturellen Ambitionen und einer Bibliothek, die die Zeiten überdauert hat. 11 000 Kilometer vom europäischen Kontinent entfernt, lesen die exklusiven Mitglieder des illustren Clubs in einem imposanten Gebäude aus der Jahrhundertwende nicht nur argentinische Werke, sondern auch und gerade Stimmen aus und über Europa.

Der Club wurde Ende des 19. Jahrhunderts auf Initiative von Dr. Carlos Pellegrini, dem späteren Präsidenten Argentiniens, zur Förderung des Pferdesports gegründet. Das heute weltberühmte *Stud Book Argentino* wurde damals als erste exklusive Liste aller Besitzer von Vollblutpferden und deren Stammbäumen eingeführt.

1897 wurde in einem Prachtbau an der Florida, eine der Hauptstraßen von Buenos Aires, das erste Clubhaus eröffnet. Das Treppenhaus war von majestätischer Grandeur und mit überdimensionierten Kristalleuchtern versehen, der ovale elegante Speisesaal in exquisitem Empirestil eingerichtet und die Gobelins und Aubusson-Teppiche an den Wänden waren von erlesener Qualität. Die große Halle schmückten Werke von Goya, Reynolds, Corot, Monet und anderen europäischen Meistern. Die Bibliothek war von Anfang an ein Juwel aus Holz, ausgestattet mit prächtigem Mobiliar und unvergleichlichen Bücherschätzen. Über sie wacht bis heute ihr Begründer Carlos Pellegrini – der Künstler Coutan hat ihn, in Gips gegossen, verewigt.

Besucher der südamerikanischen Hauptstadt ließen es sich schon bald nicht entgehen, an diesem Ort vorbeizuschauen. Im Jahre 1908 wurde die inzwischen weltweit bekannte Pferderennbahn im Stadtteil Palermo gebaut, und zwanzig Jahre später wurden die großen Rennstrecken in San Isidro eröffnet. Der 15. April 1953 war der schwärzeste Tag in der Geschichte des Jockey Clubs. Das Clubhaus ging in Flammen auf, und mit ihm versank das

Hier wird gezeigt, wem im Jockey Club die Ehre gebührt. An der Wand rechts sind prominente Mitglieder aus der Geschichte des Clubs mit ihrem Konterfei verewigt.

Stilleben auf rundem Tisch –
zum Lesen gehören in Argentinien
eine Brille, ein Buch und ein cortado,
ein kleiner starker Expresso.

gesamte Interieur in Schutt und Asche. Wie durch ein Wunder blieb die Bibliothek, »der« Ort des kulturellen Geschehens in der Stadt, verschont, die Flammen gelangten nicht bis zu den einmaligen Bücherbeständen über Geographie und Geschichte, Kultur und Wirtschaft, Philosophie und die Kunst Lateinamerikas hinauf. Erhalten blieben die vielen Reiseberichte aus der Zeit, als die Europäer den südamerikanischen Kontinent für sich entdeckten. Erhalten blieben auch unzählige alte Zeitungen, die nicht einmal in der Nationalbibliothek von Buenos Aires zu finden sind. Und die antiken und gewaltigen Globen, die die Bibliothek schmückten, blieben gleichfalls unversehrt.

In einer Atmosphäre wie vor hundert Jahren stehen heute 40 000 Bände in der alten Bibliothek zum Lesen und Studieren bereit. An diesem Ort trifft man sich, erörtert die Entwicklung des Landes und das Tagesgeschehen oder hört Vorträge über Literatur. Zu allen Zeiten gab es hier kulturelle Veranstaltungen. Inmitten der hohen Büchertürme und der beeindruckenden Bücherwände bezauberte einst Pirandello die Zuhörer mit Geschichten über sein Theater, hier sprach Dario Niccodemi über d'Annunzio, erläuterte der Dichter Paul Fort das Werk von Victor Hugo, der große Dirigent Ernest Ansermet kommentierte die Musik Rußlands, und der berühmteste Dichter Argentiniens, Jorge Luis Borges, sprach über sein schriftstellerisches Schaffen, über sein Leben und seine Träume.

Für die 8500 Mitglieder, die seit den 1960er Jahren in der Avenida Alvear ein neues herrliches Clubhaus besitzen und die Golf- und Tennisplätze, die Polofelder, Rennbahnen und Schwimmbäder benutzen können, repräsentiert die alte Bibliothek Tradition, Kultur und Geschichte.

Biblioteca Riccardiana, Florenz

Oben: Diese Buchseite zeigt ein Portal mit zwei Weltkugeln, die astrologische und die territoriale.

Rechts: Der prächtige Lesesaal der Biblioteca Riccardiana.

Der Eingang zur Straße ist unscheinbar, das Treppenhaus klein und düster, das Vorzimmer mehr als bescheiden. Dahinter jedoch empfängt den Besucher eine Pracht aus wunderschönen Farben und edlen Proportionen, die das Entree nicht vermuten läßt. Unendliche Ruhe und Harmonie umfängt den Betrachter in diesen Räumen. Die Biblioteca Riccardiana in Florenz ist eine der wenigen Sammlungen, die sich noch heute in dem Gebäude befinden, in dem sie ursprünglich eröffnet worden waren.

1659 erwarben die wohlhabenden und einflußreichen florentinischen Patrizier, die Marchesi Gabriello und Francesco Riccardi, den Palazzo der Familie Medici. Der Kauf dieses herrlichen Baus aus der Zeit der Frührenaissance war die Krönung der gesellschaftlichen Karriere der erfolgreichen Bankiersfamilie und Großgrundbesitzer. Während der folgenden zehn Jahre wurde der Palast von Grund auf erneuert, und über einem der beiden Höfe errichtete man einen neuen Flügel, der eine Galerie und die Bibliothek beherbergen sollte. Giovanni Battista Foggini zeichnete als Ideengeber für die Dekoration des großartigen ersten Stockwerkes verantwortlich, Luca Giordano schuf die Deckenfresken. Das Fresko in der Bibliothek stellt den Intellekt in Gestalt eines jungen Kriegers dar, der, befreit von den Fesseln der Ignoranz, seinen Blick nach oben richtet auf die Weisheit, die auf der Erdkugel thront.

Den Grundstock für die Biblioteca Riccardiana legte Francesco Riccardi. Er ließ die noch heute existierenden Bücherregale errichten, sammelte Manuskripte zeitgenössischer Poeten und vereinigte die rund fünfhundert Werke der eigenen Sammlung mit der großen Bibliothek, die seine Ehefrau Cassandra geerbt hatte. Sie war eine Tochter des Universalgelehrten Vincenzio Capponi. Capponi hatte auf zahlreichen Reisen durch Europa bis zu seinem Tode mehr als 5000 wissenschaftliche und philosophische Bände und 249 Schriften gesammelt – Dichtung, Geschichte, Geographie und Philosophie, ein breitgefächertes Konglomerat interessanter Werke. Später wurden die Bibliothek von Anton Maria Salvini mit rund 4000 Büchern und Manuskripten sowie die Sammlung des Humanisten Nicodemo Tranchedino und

Oben: Die Biblioteca Riccardiana ist berühmt für ihre kostbaren Atlanten, hier der Atlas Novus.

Links: In diesem Saal arbeitet vor allem der Bibliothekar, zu dessen Aufgaben das Katalogisieren, Ordnen und Ausstellen der Raritäten gehört.

die Werke aus dem Besitz von Guiseppe und Benedetto Averani hinzugefügt. Gabriello Riccardi, ein Nachkomme Francescos, verfügte 1794, vor seinem Tode, daß die Biblioteca Riccardiana jeweils eine Stunde am Morgen und am Nachmittag für interessierte Studenten geöffnet sein solle. Dies bedeutete den ersten Schritt hin zu einer öffentlichen Institution, und mit dem ersten Bibliothekar war die florentinische Bibliothek geboren.

Gegen Ende des 18. Jahrhunderts zwangen finanzielle Probleme die Familie Riccardi, einen Teil ihrer Ländereien zu verkaufen. Auch die Bibliothek blieb nicht verschont. Sie wurde zur Versteigerung freigegeben, und aus diesem Anlaß mußte ihr gesamter Bestand inventarisiert werden. Noch heute gelten für die antiken Manuskripte die damaligen Numerierungen. Besondere Kostbarkeiten sind die italienischen und flämischen *Libri d'oro*, das für seine kleinen Schriftzeichen berühmte *Libro di Gabelle* sowie das *Trattato di matematica*, das Piero dei Lorenzo de Medici gehörte. Autographen von Pico della Mirandola, Leon Battista Alberti, Poliziano, Petrarca und Boccaccio sind ebenfalls zu erwähnen.

1813 erwarb die Stadt Florenz die Privatbibliothek der Riccardis. Bis zum heutigen Tag ist die Biblioteca Riccardiana in ihrem äußeren Erscheinungsbild das geblieben, was sie seit ihrer Entstehung vor 330 Jahren war: ein wunderbares Bücherparadies, das sowohl den Geist als auch das Empfinden für harmonische Schönheit anspricht.

Can Vivot, Palma de Mallorca

Diese Doppelseite: Zu Ehren des spanischen Königs Philipp V. hat der Marquese de Vivot zu Beginn des 18. Jahrhunderts in Palma de Mallorca diese großartige rote Bibliothek errichten lassen.

Die Farbe der mallorquinischen Familie Sureda, der angesehenen Marqueses de Vivot, ist Rot. Das gilt auch für den Can Vivot, ihren Familiensitz in Palma de Mallorca, und deshalb überwiegt Rot in der einmaligen Barockbibliothek dieses Hauses.

»Hier auf Mallorca nennt man ein Herrschaftshaus wie das unsere einen *can* und nicht einen *palau* – *palau* heißt im Katalanischen nur der Palast des Königs oder des Bischofs«, erklärt Don Pedro de Montaner Alonso, der erstgeborene Sohn des Besitzers dieses beeindruckenden Familienpalastes. Der promovierte Geograph und Historiker, Direktor des Stadtarchivs von Palma, beschäftigt sich eingehend mit der Vergangenheit der Insel und der Erhaltung des Familiensitzes, der heute in der zehnten Generation von seiner Familie bewohnt wird.

Die Geschichte des Can Vivot ist lang und sagenumwoben. »Um die Bibliothek zu verstehen, sie als Bestandteil des Ganzen zu sehen, muß man bis ins 14. Jahrhundert zurückgehen, als der älteste Teil des Gebäudes entstand«, beginnt Don Pedro zu erzählen. »An das Ursprungsgebäude wurde immer wieder angebaut. In der zweiten Hälfte des 17. Jahrhunderts kam die Familie Sureda ins Spiel, und mit ihr nahm die Erweiterung des Palastes ihren Anfang. Don Joan Sureda war Anfang des 18. Jahrhunderts einer der führenden Anhänger des Bourbonen Philipp V. im Spanischen Erbfolgekrieg – und gehörte damit zur Bourbonen-freundlichen Minderheit der Inselbewohner; die Mehrheit der Mallorquiner unterstützte Philipps Gegner, den Habsburger Karl III. In diesen bewegten Zeiten entging Sureda im letzten Moment der Vollstreckung eines Todesurteils – und zum Dank für seine Gefolgschaft verliehen ihm die Bourbonen den Titel eines *Marquese de Vivot*, aus dem sich der Palastname *Can Vivot* ableitet.

Während der Kriegsjahre ließ der Marquese seinen Palast im Barockstil umbauen. Die Arbeiten wurden um 1720 abgeschlossen. Don Joan Sureda hatte den Mailänder Künstler Giuseppe Dardaron beauftragt, prachtvolle Fresken zu malen: mythologische Darstellungen und Allegorien, die den

Rechts: Zahlreiche Werke befassen sich mit der Geschichte Spaniens und Mallorcas. Wie es sich für eine Familienbibliothek gehört, zieren aber auch Miniaturen, Statuetten und Memorabilien die edlen roten Regale.

Oben: Dieses Choral-Textbuch aus dem 16. Jahrhundert gehört zu dem reichen Bestand der eindrucksvoll gestalteten mallorquinischen Bibliothek.

Ruhm Philipps V. preisen sollten. Dem Regenten, seiner Familie und dem alten Spanien unter der Herrschaft der Bourbonen widmete der italienische Maler auch die Fresken in der großen roten Familienbibliothek. Als dem Protektor der Künste wurde Philipp V. hier ein Denkmal gesetzt.

Zu Beginn des 19. Jahrhunderts, als der vierte Marquese de Vivot die Modernisierung des Anwesens veranlaßte, wurde der berühmte spanische Architekt Isidro González-Velázquez auf die Insel gerufen. Der Can Vivot dehnte sich damals auf 5000 Quadratmeter aus. Auch die Bibliothek erlebte zu dieser Zeit eine besondere Sternstunde: Sie kam in den Besitz der Klosterbibliothek der Kapuzinermönche, die einst die bedeutendste Bibliothek in ganz Palma war.

Die Sammlung enthält Handschriften und Inkunabeln aus früher Zeit sowie Bücher aus dem 15. bis 19. Jahrhundert. Als herausragende Exponate nennt Don Pedro de Montaner Alonso folgende Werke: einen *Codex Iuliano* aus dem 14. Jahrhundert von Ramón Llull, des großen mallorquinischen Mystikers, Missionars und Schriftstellers; zwei Bände mit königlicher Korrespondenz aus dem 14. und 15. Jahrhundert; das handgeschriebene Tagebuch des Beichtvaters von Don Juan de Austria aus der Schlacht von Lepanto im 16. Jahrhundert sowie die Aufzeichnungen der Kirchenrituale von Mallorca aus dem 16. Jahrhundert in zwei Ausgaben. Zum Bestand der Bibliothek gehören überdies zahlreiche Schriften aus der Zeit der Aufklärung, galt doch der Can Vivot im 18. Jahrhundert – neben dem Palast von Campofranco – als eines der Zentren des *siglo de iluminación* in Mallorca.

III

Wohnen mit Büchern

Bibliotheken als schöne Interieurs
Hans Soller, Schaffhausen
Matthias Brunner, Zürich
Pino Casagrande, Rom
Inge Rodenstock, München
Raffaella und Gigliola Curiel, Mailand
Paolo Bulgari, Rom

Chalets und Jagdhäuser
Prinz Egon von Fürstenberg, Wolfgangsee
Haus Promegg, St. Wolfgang
Alexandra Skrein von Bumbala, bei Salzburg
Familie Koerfer, Kitzbühel
Haus Viti Levu, Klosters
Baronin Marion Lambert, bei Gstaad

Wohndesigner und ihre Bibliotheken
Alidad, London
Alexis de la Falaise, Paris
Tim Gosling, London
Marie-Eleonore von Haeften, Mallorca
Gräfin Monika Apponyi, London
Christophe Gollut, London
Michael Wolfson, Zürich
Fiorenza Milesi, Mailand
Anthony Paine, London

- Steven Parissien — **ADAM STYLE**
- Alexandre Pradère — **FRENCH FURNITURE MAKERS** — The Art of the Ébéniste from Louis XIV to the Revolution — SOTHEBY'S
- THE WORLD OF **THE IMPRESSIONISTS**
- Bernt / Die Niederländischen Maler und Zeichner des 17. Jh.
- INTERIEUR

Hans Soller, Antiquitätenhändler, Schaffhausen

Hans Soller hat sich der Welt der Kunstbücher und Kataloge verschrieben. »Nach 22 Uhr darf ich keinen meiner Kataloge mehr anschauen, weil ich sonst so aufgeregt bin, daß ich die ganze Nacht nicht schlafen kann«, gesteht der Antiquitätenhändler aus der Nordschweiz, dessen zweite Passion antike Möbelstücke aus ganz Europa sind. Der Mann mit der Vorliebe für das 18. Jahrhundert lebt in einem mittelalterlichen Patrizierhaus zwischen antiken Eichenmöbeln, schön patinierten Ledersesseln, venezianischen Nubiern und jeder Menge Bücher. »Vor dreißig Jahren habe ich beim Kauf des gesamten Inventars eines irischen Landsitzes Hunderte von Lederbänden aus dem 18. und 19. Jahrhundert erworben«, erzählt der vielgereiste Händler. »Da ich alte englische Büchergestelle verkaufe, dekoriere ich sie immer mit diesen herrlichen Büchern – die *bookcases* lassen sich so viel besser verkaufen. Lesen tue ich diese alten Schinken nicht!« Hans Soller sagt das mit einem Anflug von Ironie. Statt in Biographien anderer Menschen zu stöbern, will der Junggeselle nach eigener Aussage »lieber selbst etwas erleben, das ist viel spannender.«

Ganz anders geht er mit der Fachliteratur zur europäischen Möbelgeschichte und zu historischen Persönlichkeiten, vor allem aber mit den mehr als 1000 Katalogen um: »Die studiere ich immer wieder, und aus vielen Katalogen habe ich Artikel und Bilder herausgeschnitten, um aus ihnen wiederum ledergebundene Bücher machen zu lassen.« Eine Bibliothek hat Hans Soller in seinem Haus mit den einmaligen Fresken aus dem 18. Jahrhundert nicht – seine Bücher finden sich überall. Sein Prinzip lautet: »In einer guten Unordnung findet man alles am allerbesten.« Da er »nicht allzusehr an irdischen Dingen festhält«, beglückt er gern andere mit Büchern – nicht nur aus seinem eigenen Bestand. Die Essays von Michel Eyquem de Montaigne, die er selbst mit Inbrunst gelesen hat, wurden von ihm mittlerweile über zwanzigmal verschenkt. Sogar seine Kunstbücher gibt Hans Soller mit Freuden an Interessierte weiter: »Bücher sollen nicht verstauben, sondern im stetigen Umlauf sein und immer wieder einem neuen Leser Freude machen.«

Diese Doppelseite: Lesen bedeutet für den anglophilen Schweizer Antiquitätenhändler (oben) das intensive Schmökern in unzähligen kunstgeschichtlichen Werken und in Katalogen, die er im ganzen Haus verteilt hat, wie hier auf einer geschnitzten italienischen Konsole (links).
Folgende Doppelseite: Herrliche alte Fresken zieren das Arbeitszimmer.

Matthias Brunner, Cineast, Zürich

Vier *Ws* hat der Zürcher Matthias Brunner seine Bibliothek gewidmet: John Waters, Andy Warhol, Edmund White und Wolf Wondratschek. Mit allen verband oder verbindet ihn auch heute noch eine tiefe Freundschaft. Matthias Brunner ist nicht nur Filmspezialist und Kinomacher – er wählt die Filme für acht Zürcher *Arthouse*-Kinos aus –, sondern auch ein äußerst treuer Leser. »Von diesen vier *Ws* und meinen anderen Lieblingsautoren David Leavitt und Douglas Sirk sowie Michael Cunningham und Martin Frank besitze ich nicht nur sämtliche von ihnen beziehungsweise über sie publizierten Werke – allein zu Warhol sind es mehr als fünfzig –, sondern auch Hunderte von Briefen, Postkarten und Artikel«, erzählt der Schweizer stolz.

This – so nennen ihn seine Freunde – wohnt über der Stadt mit einem wunderbaren Blick auf den Zürichsee. Seine elegante Wohnung in einer Jugendstilvilla hat Brunner mit erlesenen Designermöbeln der 1930er bis 1950er Jahre sowie mit zeitgenössischer Kunst und diversen Bücherecken eingerichtet. Bemerkenswert ist der Eßplatz mitten in der Bibliothek, wo er regelmäßig eine buntgemischte Gästeschar aus Kunst, Kultur und Wirtschaft um den stets originell gedeckten Tisch bittet, um in passender Umgebung über Literatur, Film und Fotografie zu diskutieren. Fotobände zu seinen Freunden Jeannette Montgomery-Barron, Greg Gorman, Wolfgang Tillmann, Robert Mapplethorpe, Nan Goldin, Bob Wilson, Daniel Schmid und dem deutschen Trio Werner Fassbinder, Werner Schroeter und Rosa von Praunheim stehen gleich neben seinen Lieblingsschriftstellern.

»Im Zentrum meiner Interessen steht die Fotografie direkt neben dem Film«, erklärt der vielseitige Unternehmer, der auch Mitglied der Leitung des Filmfestivals von Locarno und Präsident der Douglas Sirk Foundation ist. Von diesem Meister der Hollywood-Melodrame der fünfziger Jahre besitzt *This* zwanzig Archivschachteln bis an den Rand gefüllt mit noch nicht publizierten Theaterstücken und Filmscripts, die später einmal an die *Cinémathèque Suisse* in Lausanne gehen sollen.

Matthias Brunner hat seine Wohnung in einem Zürcher Jahrhundertwendehaus seinen verschiedenen Passionen gewidmet. Im Zentrum stehen stets das Wort und das Bild. In dem hellen Salon dominieren Designermöbel, Kunstobjekte und Bildbände auf einem quadratischen, pergamentbeschichteten Tisch.

Rechts: Hinter der Zebra-Liege hat der Filmspezialist seine Kunst- und Musikecke eingerichtet. Beleuchtet wird das Lesesofa von einer kleinen Cuny-Lampe und einer siebenarmigen Stehlampe von Jean Royère.

Seine Wohnung hat Matthias Brunner mit der Zeit zu einer Art Kunstcollage gemacht – Bestandteile sind ausgesuchte Möbel von Jean-Michel Franck bis Jean Royère, Bilder und Objekte von Andy Warhol, Donald Baechler, Philip Taaffe, Eric Fischl, Barry Flanagan, Barbara Kruger, Ross Bleckner und Francesco Clemente, eine Vielzahl außergewöhnlicher Schwarzweißporträts und Unmengen ausgefallener Schriften. Der Zürcher hat sämtliche Ausgaben der amerikanischen Kultzeitschrift *Interview* sowie alle *Cahiers du Cinéma* und sämtliche Exemplare der in Deutschland erscheinenden *Filmkritik* zusammengetragen. »Alles gesuchte Sammlungen, auf die ich stolz bin«, erklärt der smarte Mann.

Schon im Gymnasium schwänzte der Filmfan den Unterricht, um ins Kino zu gehen. »Nach *Ben Hur* war ich so hingerissen, daß ich das berühmte Wagenrennen mit dem Fahrrad nachstellte und prompt einen Unfall baute.« Heute ist Matthias Brunner, der Stars von Liz Taylor bis Bianca Jagger zu

Links: Daniel Buren hat das Streifenbild gemalt, das die Bibliothek des Sammlers schmückt. Wenn hier ein langer gedeckter Tisch steht, wird die Arte-Luce-Lampe aus den 1950er Jahren umgedreht.

seinem Freundeskreis zählt, aus der Kinoszene und der Gesellschaftswelt nicht mehr wegzudenken. Wer bei *This* geladen ist, bekommt immer einen guten Buchtip mit nach Hause. Und wer bei ihm übernachtet, kann dies in einem großen Gästezimmer, das einem der *Ws*, dem amerikanischen Schriftsteller John Waters, gewidmet ist, tun. Dort steht dessen Gesamtwerk zur Bettlektüre bereit. »Zudem sind Fotos und Kunstwerke, die ich im Laufe der Jahre von ihm bekommen habe, im ganzen Zimmer aufgehängt und aufgestellt«, erzählt der engagierte Cineast, »einschließlich eines Gummiballs, den John aus Hunderten von kleinen Gummibändern selbst gefertigt hat. Diese Gummibänder haben einst billige *trash-tabloids* oder Kunstmagazine wie den *National Inquirer*, *Art Forum*, *Out*, *Interview* und andere zusammengehalten, die er tagtäglich verschlingt.«

Pino Casagrande, Galerist, Rom

Würde ich in meinem Garten buddeln, käme ganz sicher ein antiker Kopf zum Vorschein.« Der römische Galerist und Kunstsammler Pino Casagrande lebt am Aventin in Rom. Seine weißgetünchte Villa steht zwar auf historischem Boden in der Nähe der Caracalla-Thermen, sie ist aber modernisiert und überwiegend zeitgenössischer Kunst gewidmet. Obwohl Casagrande Antike und Moderne auf eine ganz eigene Art kombiniert, stände er historischen Ausgrabungen wohl eher ratlos gegenüber: »Ich bin halt nicht wie die meisten Römer ein passionierter Antiquitätensammler, der in einem alten Haus und in einem traditionellen Mikrokosmos lebt.«

Pino Casagrande hat sich seit dreißig Jahren der modernen Kunst verschrieben. In den 1960er Jahren begann er, Ars povera zu kaufen, und heute identifiziert er sich am liebsten mit zeitgenössischen Minimalisten und der jungen Avantgarde. Ihre Werke hat er in seinem großzügigen lichtdurchfluteten Domizil meisterhaft plaziert. Über einem römischen Sarkopharg aus dem zweiten Jahrhundert v. Chr. hängt ein minimalistisches Werk des Amerikaners Sol LeWitt. Im Eingang richtet sich Joseph Beuys' Kamera auf ein gegenüber angebrachtes Foto von 1962, das die vierköpfige Familie Beuys beim Angucken der Fernsehserie *Raumschiff Enterprise* zeigt. In einem Raum hat der Künstler Robert Barry türkisfarbene Wände beschriftet.

»Das Video stellt heute eine zeitgemäße Form der Präsentation dar«, erläutert der Galerist, der neben einer Unmenge von Kunstbüchern und immer wieder gelesenen philosophischen Schriften auch sechshundert Kunstvideos besitzt. Pino Casagrande liebt es, Freunden in seiner audiovisuellen Bibliothek auf einer übergroßen Leinwand neue Künstler per Video zu präsentieren. »Ein Video kann zwar in manchen Fällen einen ganzen Kunstkatalog ersetzen oder zumindest ergänzen, das ist richtig«, erklärt der römische Kunstspezialist, »doch geschichtliche Hintergründe, philosophische Gedanken, literarische Schöpfungen — was wäre dies alles ohne das Buch? Nur das Buch spiegelt unsere Seele wider.«

Diese Doppelseite: Der römische Galerist Pino Casagrande liebt moderne Kunst und Videos jeglicher Art. Er hat neben dem Entree in seiner schneeweißen Villa ein Studio einrichten lassen, in das er seine Freunde zu privaten Kinovorstellungen einlädt. Casagrandes bevorzugte Farben Grau, Schwarz und Weiß dominieren das gesamte Interieur.

Inge Rodenstock, Kunstsammlerin, München

Diese Doppelseite: Asiatisch inspiriert ist die Bibliothek der Münchner Kunstsammlerin Inge Rodenstock (rechts). Sie wird bewacht von burmesischen Tempeldrachen und einer Skulptur von Jean Tinguely. Zwischen den chronologisch sortierten Kunstbüchern stehen Keramikvasen von Picasso, ein Khmerkopf und viele Fotografien (oben).

Auf der Kunstakademie in Düsseldorf habe ich gelernt, was Kunst ›nicht‹ ist – das hat mir sehr viel geholfen.« Inge Rodenstock, die große Münchner Kunstsammlerin, sitzt in ihrem hellen Wohnzimmer umgeben von »ihren« Bildern und Objekten. Man traut der zierlichen Frau nicht zu, daß sie energisch werden kann. Doch wenn es um Kunst geht, kann sie das. »Ich habe das Metier der Malerei auf der Akademie langsam und in kleinen Schritten erlernen müssen«, erklärt sie, »das hat den Blick geschärft.« Bereits als zwanzigjährige Studentin ist die ehemalige Kokoschka-Schülerin mit Künstlern wie Joseph Beuys und Gerhard Richter zusammengekommen und hat sich eingehend mit deren Werken befassen können. Inge Rodenstock verspürte schon sehr früh den Wunsch, Arbeiten großer Künstler zu erwerben. »Doch Geld hatte ich dafür keines«, erinnert sich die Sammlerin. »Mein Vater stoppte das Taschengeld. Schon das Kunststudium hielt er als Unternehmer für absolut überflüssig. So mußte ich jobben – ich schrieb Feuilletons für *Die Zeit* und spielte kleine Filmrollen –, um die Bilder bezahlen zu können.«

Als die gebürtige Schwäbin 1968 erstmals nach New York kam, ergab sich einmal mehr der richtige Kontakt: Kein Geringerer als der bekannte Kölner Sammler Peter Ludwig nahm die begeisterte Kunststudentin mit in die Studios der zeitgenössischen Künstler Jasper Johns, Roy Liechtenstein, Robert Rauschenberg, Donald Judd und Cy Twombly. »Da habe ich wiederum sehr viel gelernt.«

Das weitläufige Münchner Anwesen wirkt wie der Ausstellungsort vieler Werke der Künstler, die Inge Rodenstock seit den 1960er Jahren kennengelernt hat. Unübersehbar steht der überlebensgroße *Jeff* auf einem Podest, ein in Oberammergau geschnitzter und bemalter Hund des amerikanischen Künstlers Jeff Koons. An der Wand hängt das Werk von Lucio Fontana, das Inge Rodenstock im Alter von zweiundzwanzig Jahren als erstes Bild erworben hat. Weitere Werke von Josef Beuys, Sigmar Polke, Anselm Kiefer, Tony Cragg, Hanne Darboven, Roberto Longo, Robert Ryman, Brice Marden,

Ad Reinhard, Agnes Martin, Cy Twombly und von vielen anderen gehören heute ganz unverzichtbar zur Einrichtung im Hause Rodenstock.
Ganz besonders stolz ist die charmante Sammlerin, die unter dem Pseudonym Inge Haux selbst sieben Bücher illustriert hat, auf das imposante Bild von Yves Klein, das ihre chinarot lackierte Bibliothek schmückt. »Das typische Blau von Klein kommt in diesem farbigen Bücherraum so richtig schön zur Geltung.«

Links: Vor der koreanischen Strohtapete wirken die roten China-Lack-Regale besonders kunstvoll. Das zentrale Werk in der Bibliothek stammt von Yves Klein, den Inge Rodenstock 1960 an der Côte d´Azur kennenlernte. Unter dem blauen Bild liegt ein chinesischer Fisch, daneben steht das Werk Le massacre des innocents des französischen Künstlers Arman.

Oben: Die Bibliothek im ersten Stock ist den geerbten Büchern aus dem Familienbesitz gewidmet. Eingerahmt werden diese Bände von zwei Figuren aus dem 19. Jahrhundert. Die sechs Arbeiten an der rechten Wand stammen von Walter Pichler, die »Aktionsbahre« (links im Bild) ist von Hermann Nitsch.

Ihre Bibliothek hat Inge Rodenstock hauptsächlich Kunstbüchern und Kunstkatalogen gewidmet, aber auch der Kunst selbst. Hinter zwei burmesischen Tempeldrachen hat sie die Arbeit *Le massacre des innocents* des französischen Künstlers Arman plaziert. Vor dem großen Fenster steht eine Eisenskulptur des Schweizers Jean Tinguely, und vor der koreanischen Strohtapete neben einer Durchgangstür hängen Bilder von Antoni Tàpies, Dieter Roth und Georg Herold.

Auf den roten Lackregalen sind die Bücher chronologisch und nach Themen geordnet, und zwischen den Reihen stehen Keramikvasen von Picasso. Auch die unzähligen Fotos, auf denen Inge Rodenstock mit ihren vielen Künstler- und Galeristenfreunden abgelichtet ist, gehören mitten hinein in ihre Welt der Kunst. Aufnahmen, die ihren verstorbenen Mann, den Unternehmer Rolf Rodenstock, zeigen, sind ebenfalls darunter. »Als wir uns kennenlernten, begeisterte er sich eher für surrealistische Kunst und hatte zuerst Mühe, sich in diese neue Art von Kunst, die mir gefiel, einzudenken. In kurzer Zeit aber lernte er, mit der Moderne umzugehen – und sie sogar zu mögen, was mir sehr wichtig war!«

Raffaella und Gigliola Curiel, Modeschöpferinnen, Mailand

Die kleine dunkle Bibliothek zwischen Salon und Speisezimmer ist Raffaella Curiels Lieblingsraum in ihrer Mailänder Wohnung. »Hier erhole ich mich nach einem hektischen Arbeitstag, hier komme ich zur Besinnung, hier bin ich ich selbst.« Die attraktive Italienerin ist Modeschöpferin und betreibt zusammen mit ihrer Tochter Gigliola, die eine eigene Kollektion entwirft, ein Couture- und Prêt-à-porter-Haus, das seit drei Generationen weltweit exklusive Mode vertreibt. Mode ist der Lebensinhalt, Bücher ermöglichen den beiden Anregung und Entspannung. »Aus ihnen hole ich Inspirationen, sie sind mein Gedächtnis, sie sind mein Leben und auch meine Familie«, sagt die gebürtige Triesterin, die am liebsten über Kunst und Religion liest und »gern in Gedichte eintaucht«.

Bis die Bibliothek zu diesem Raum der Besinnung wurde, verging einige Zeit. Raffaella Curiel hat mitten in Mailand das oberste Stockwerk einer verfallenen Mietskaserne zum Wohnsitz auserkoren und völlig umgebaut. Sie hat alte Holzböden einlegen und eine antik bemalte Holzdecke aus der Toskana in ihren Salon einziehen lassen. Alle Zimmer sind mit kostbaren Antiquitäten bestückt und die Bibliothekswände mit hundert Jahre alten Paisley-Schals bespannt, die sie von ihrer Mutter geerbt hat. Über einem dick gepolsterten und bunt bemalten Bett aus der Zeit Napoleons III. hängen alte Porträts in reichverzierten Rahmen. »Gemütlich«, sagt die elegante Dame mit einem verträumten Blick, »sehr gemütlich.«

In ihrer Bücherhöhle liest die Couturière nicht nur, sondern hört auch oft gemeinsam mit ihrer Tochter Musik. Beide Frauen lieben es, umgeben von Büchern und den wunderschön geformten roten Keramikgefäßen von Gio Ponti aus den 1930er Jahren zu sitzen, den Tag zu besprechen oder »sich einfach gehen zu lassen«. Gigliola ist ein Bücherwurm. »Ich lese keine Bücher, ich esse sie – mit Haut und Haaren«, sagt sie von sich selbst. Ihr haben es vor allem die südamerikanischen Autoren und Thomas Mann angetan, »den ich aber leider nicht auf deutsch lesen kann.«

Diese feminine Bücherwelt strahlt eine behagliche, herzliche Wärme aus.

Diese Doppelseite: Die Bibliothek in ihrer Mailänder Wohnung, die den Salon vom Speisezimmer trennt, hat die Modeschöpferin Raffaella Curiel mit patinierten Holzeinbauten auskleiden lassen. Seit ihrer Jugend sammelt die Italienerin leuchtendrote Keramikgefäße von Gio Ponti, die aus den Produktionen von Richard Ginori aus den Jahren 1930 bis 1948 stammen.

Diese Doppelseite: Zwei Frauen, zwei große Passionen: Raffaella (links) und Gigliola (oben) haben sich der Mode und der Welt der Bücher verschrieben. Das Buch auf dem Tisch (rechts) war das letzte, das der verstorbene Mann Raffaellas vor seinem Tode gelesen hat.

Obwohl sich Paolo Bulgari als »Nicht«-Sammler bekennt, umgibt er sich gerne mit erlesenen asiatischen Objekten: hier ein goldener Paravent, burmesische Stühle und ein lächelnder Buddha, der die Büchersammlung bewacht.

Paolo Bulgari, Juwelier, Rom

Der Mann liebt klare Formen: Der erfolgreiche italienische Unternehmer, Herr über ein mehr als einhundert Jahre altes, weltweit tätiges Schmuckimperium, läßt sich mit Vorliebe aus dem Fernen Osten inspirieren.

Ich bin ein Optimist, mich interessiert das Morgen. Ich bin immer auf der Suche nach Neuem.« Paolo Bulgari sagt das von sich selbst mit Nachdruck. Der Unternehmer führt in der dritten Generation das gleichnamige Schmuckimperium mit Sitz in Rom. Ins Rampenlicht tritt der hochgewachsene, elegante Mann nur ungern. Ihm macht es viel mehr Spaß, ganz ungestört seiner Lieblingsbeschäftigung nachzugehen – dem Entwickeln neuer Schmuckstücke. Um am Markt präsent zu bleiben, muß man alljährlich mit neuen Kreationen aufwarten. Paolo Bulgari ist immer dabei, wenn es um neue Entwürfe geht – »als einfaches Teammitglied, das ist das Schönste für mich«. Meist vergehen vier Jahre, bis eines der neuen Stücke in den Bulgari-Juweliergeschäften verkauft werden kann.

Das Team junger Mitarbeiter um den kollegialen Chef ist stets neuen Trends auf der Spur und versucht selbst, diese Modeströmungen umzusetzen. Dabei ist ein Gespür für modernes Design, moderne Architektur und ungewöhnliche Formen hilfreich – manchmal aber auch ein gutes Nachschlagewerk. So ist die Bibliothek im Hause Bulgari weniger mit Belletristik als mit Bänden über handwerkliche Kunst und Architektur ausgestattet. Ein großer Leser ist Paolo ohnehin nicht – aber ein Ästhet mit einer Vorliebe für schlichte Formen. Die liebt er besonders in der japanischen Architektur und der amerikanischen Pop-art. »Die Menschen können ohne Ästhetik nicht leben. Aber man darf nicht vergessen, daß zuerst immer der Mensch zählt«, ist seine Überzeugung. Zu Rom, zur Kunst und zu Büchern hat er eine ganz individuelle Einstellung: »Rom ist deshalb eine so schöne Stadt, weil man bei ihrem Bau zuerst an den Menschen und erst dann an die Ästhetik gedacht hat. Und das gleiche gilt auch für die Kunst und für die Welt der Bücher.«

Der agile Geschäftsmann, der Rechtswissenschaften studiert hat, sieht sich als Handarbeiter. »Ich tue, was ich kann«, schließt er, »ich bin kein Politiker, auch kein Intellektueller. Ich bin ein Handwerker. Vielleicht sogar ein sehr guter.«

Chalets und Jagdhäuser

In einen weichen Ohrensessel gekuschelt, ein Buch in der Hand, auf das das Licht einer Leselampe fällt, ein knisterndes Feuer im Kamin — Abendstimmung weit ab von der hektischen Welt. Abtauchen in Lesewelten, sich mit der Heldin oder dem Helden eines Romans identifizieren, durch ferne Länder reisen oder vergangene Zeiten lebendig werden lassen. Von draußen prasselt der Regen an die Scheibe, vielleicht läßt auch ein heftiger Wind Schneeflocken tanzen, die für den nächsten Tag eine herrliche Winterlandschaft zaubern. Was kann es Schöneres geben? Die Bibliothek wird zum Ort des Träumens, des Phantasierens, des Vergessens. Ferienhäuser, die abgelegen und weit genug entfernt vom hektischen und lauten Alltag stehen, bieten ein Refugium der Ruhe und Erholung. Bücher steigern diese angenehme Wirkung. In Österreich und der Schweiz finden sich diese heimeligen Bücherwelten, von denen einige vorgestellt werden sollen.

Im oberösterreichischen Salzkammergut steht so manches kleine romantische Sommerhaus, aber auch größere Domizile laden zum Verweilen ein. Zum Beispiel der Hubertushof, die 250 Jahre alte Sommerresidenz derer von und zu Fürstenberg. Karl-Emil von Fürstenberg, der als österreichischer Botschafter am Zarenhof von Nikolaus II. akkreditiert war, hat ihn Ende des 19. Jahrhunderts erworben. Am Wolfgangsee, in der Nähe von Bad Ischl, wo Kaiser Franz Josef und seine Frau Elisabeth, die Sissi, residierten, wollte auch er die Sommer- und Jagdsaison verbringen. Sohn Tassilo von Fürstenberg, der Vater von Egon und Ira, machte den Hubertushof zum sommerlichen Treffpunkt für internationale Politik und High Society. Von Roosevelt bis Churchill, von John F. Kennedy bis Orson Welles, vom König von Spanien bis zu Herbert von Karajan trafen sich die Großen der Welt auf diesem bezaubernden Hof und bewunderten die unzähligen Jagdtrophäen, die noch immer die alten Mauern zieren. Es wurde nur wenig verändert auf diesem prachtvollen Anwesen, und wenn heute Prinz Egon von Fürstenberg, der international tätige Modeschöpfer, während der Salzburger Festspiele in den

Der Hubertushof, der Sommersitz der Fürstenbergs am Wolfgangsee, ist ein knapp 250 Jahre altes, gelbgestrichenes Haus mit urgemütlichen, holzgetäfelten Salons. In der Bibliothek treffen sich Jagdfreunde und Besucher der Salzburger Festspiele zu Gesprächen und einem Glas Wein.

Auf dem antiken Intarsientisch liegen alte Bücher. Die meisten Werke stammen noch aus der Zeit der Urgroßmutter Egon von Fürstenbergs, Lady Hamilton.

Früher Speisezimmer, heute Bibliothek und Wohnzimmer zugleich: Dieser Zirbelholzraum gehört zum über neunzig Jahre alten Familienhaus von Alexandra Skrein von Bumbala. Der Kachelofen und die große Sammlung an Modellschiffen, Modelleisenbahnen und Reiseandenken verleihen der Bibliothek eine etwas verspielte Atmosphäre.

Rechts: In Haus Promegg der Familie Maasdijk am Wolfgangsee ist jede Ecke der Jagd gewidmet, und so stehen auch in den Regalen im Treppenaufgang zahlreiche Bücher zu diesem umfangreichen Thema.

Hubertushof bittet, sitzen die Gäste wie in allen Zeiten zum Lesen und Spielen in der holzgetäfelten Bibliothek mit den geschnitzten Möbeln, dem Spieltisch und den antiken Büchern. Viele der Bücher stammen von Lady Hamilton, der Urgroßmutter von Egon und Ira. Ein goldgeprägtes Gästebuch, das seit 1889 die illustre Gästeschar des Hubertushofs am Wolfgangsee verzeichnet, liegt in einer Ecke des großen Salons für weitere Eintragungen bereit.

Das Haus Promegg der holländischen Familie van Maasdijk befindet sich ganz in der Nähe in St. Wolfgang und steht wie der Hubertushof Jagdgesellschaften und geselligen Familientreffen zur Verfügung. 1897 von Baron Vincent van Tuyll van Serooskerken, dem Urgroßvater des jetzigen Besitzers, erbaut, hat es seinen hundertjährigen Charme bewahrt. Robert van

Links: Reich geschnitzte Stühle schmücken diese gemütliche Bibliothek in der Nähe von Salzburg. Die Lifestyle-Autorin Alexandra Skrein von Bumbala hat in ihrem Haus für jedes alte Möbelstück den passenden Platz gefunden.

Eine Mischung aus Jagdtreiben, Bergwelt und englischem Clubleben kennzeichnet die Bibliothek in dem prachtvollen Berghaus der Familie Koerfer in Kitzbühel. Der ganz mit Fichtenholz vertäfelte Raum dient als Familientreffpunkt.

Maasdijk hat die Tradition gekonnt mit modernem Komfort verbunden. Das wunderschöne Sommerhaus bietet Platz für 21 Gäste, und der kleine Jagdraum mit Bibliothek ist ein gern besuchter Ort. Ungestört kann man in den zahlreichen Jagdbüchern blättern; ein anderes Sammelthema ist die Politik. Man kann sich hier aber auch mit einem eigenen Buch in die Stille zurückziehen.

An einem See, nicht weit entfernt von Salzburg, liegt das Domizil von Alexandra Skrein von Bumbala. Das über neunzig Jahre alte Haus der Lifestyle-Autorin bietet ihr »Heimat, Inspiration und Arbeitsplatz« zugleich. Ganz bewußt lebt sie auf dem Land, »da ich die Natur und vor allem den Garten brauche wie das tägliche Brot«. Sie hat ihre gebeizte Zirbelholzbibliothek im ehemaligen Speisezimmer untergebracht. »Der Raum war bereits mit Holz verkleidet«, erzählt die junge Frau, »doch ohne Bücherregale.« Sie gestaltete das hohe Zimmer zu einer Bücherwelt um, die an kalten Winterabenden zum liebsten Zufluchtsort der Familie geworden ist. »Das dunkle Holz macht daraus nicht zwingend einen dunklen Raum. Ganz im Gegenteil – große Fenster mit Blick auf den spiegelglatten See lassen die Bibliothek strahlen und geben ihr Weite.«

Das prächtige Berghaus der Familie Koerfer im österreichischen Kitzbühel wurde in den späten 1950er Jahren von dem Architekten Ernst Demar entworfen. Die Bibliothek ist der Familienraum schlechthin. Die Bücher und Jagdtrophäen verleihen diesem mit Fichtenholz ausgelegten, urgemütlichen Raum Atmosphäre. Hier trifft man sich vor dem Abendessen zu einem Glas Wein, hier wird ferngesehen, gelesen und gespielt. Die Bücher stammen noch aus dem Wiener Elternhaus von Yvonne Koerfer. Es sind vor allem klassische französische Werke, von Jean Jacques Rousseau und Voltaire unter anderem, aber auch Kunst- und Geschichtsbücher.

»Holz isch heimelig«, sagen die Schweizer und bauen nicht nur Bergchalets aus einheimischen Hölzern, sondern statten auch Innenräume gern mit Holz aus. Das Haus Viti Levu im graubündnerischen Klosters ist ein Traum aus Holz. Zwei- bis dreihundertjährige Tannenholzbohlen aus den traditionellen Prättigauer Häusern hat der Bündner Schreiner Martin Zimmermann gesammelt und damit das entzückende Chalet ausgestattet. Kassettendecken, die denen der Patrizierhäuser im benachbarten Dorf Fideris nachempfunden sind, schmücken die Wohn- und Schlafräume. Die Holzdecke der Bibliothek erzählt eine ganze Geschichte. Der Bündner Schnitzer Marco Walli hat einen prächtigen Lebensbaum in das Holz gezaubert und Sprüche und Bauernweisheiten über die Bedeutung des Lesens und der Bücher in die Balken geschnitzt. Wann, wenn nicht in den Ferien, haben wir die Muße zu langem, ausgiebigen Lesen? In dieser behaglichen Atmosphäre, umgeben von Holz und vielen Büchern, läßt es sich vor dem prasselnden Kaminfeuer so richtig herrlich faulenzen und schmökern. Einzig störend ist höchstens die kalte Schnauze eines Labradors, der beim Seitenblättern gekrault werden möchte.

Starke Farben, leuchtende Muster und auserlesene Antiquitäten machen den besonderen Reiz dieser eleganten Bibliothek im Chalet Viti Levu aus. Doch das wichtigste Stilelement ist altes Holz, das dem Raum seine urige Atmosphäre verleiht. Die antiken Ledertruhen als Sofatischchen harmonieren wunderbar mit dem farbenprächtigen alten Teppich.

Wann hat man die größte Muße, um sich lang und intensiv mit einem Buch zu beschäftigen? In den Ferien! Deshalb ist die Bibliothek in Viti Levu in den Schweizer Bergen so eingerichtet, daß man auf dem Sofa liegend (Seite 123) lesen und das Gelesene anschließend an einem alten Bündner Tisch sitzend (Seite 124) weiter verarbeiten kann.

Rechts: Alles hier ist der Kunst gewidmet: Kunstbücher »bevölkern« die Bibliothek, zeitgenössische Bilder und Schwarzweißfotografien die weißen Wände, Designermöbel aus den 1940er und 1950er Jahren die Holzböden.

Oben: Baronin Marion Lambert, Expertin für Fotografie und moderne Kunst, liebt es, sich in ihrem weißen Charles-Eames-Sessel zu entspannen und zu lesen. In diesem Berghaus steht ihre umfangreiche Sammlung von Büchern über Fotografie.

Die Bibliothek ihres eleganten, modern anmutenden Chalets in der Nähe von Gstaad hat Baronin Marion Lambert ihrer Leidenschaft, der zeitgenössischen Kunst – insbesondere der Fotografie –, gewidmet. Auf der Empore des gewaltigen Wohnraums stehen sie alphabetisch geordnet: Hunderte von Bänden, die sich alle mit dem Leben und Werk zeitgenössischer Künstler befassen. In den Bergen findet die Kunstbewanderte Zeit, ihre Bibliothek zu betreuen, sie zu ordnen und zu ergänzen. »Die Bücher jedoch, die meiner Seele gut tun, die weder mit Kunst noch mit meinem öffentlichen Leben zu tun haben, die stehen im Verborgenen, bei mir im Schlafzimmer«, erzählt Marion Lambert. »Lesen hat für mich etwas unendlich Privates, etwas ganz Persönliches, und meine Bücher sind meine Freunde, die ich nicht in einem großen Raum mit anderen teilen möchte.«

Wohndesigner und ihre Bibliotheken

Diese Doppelseite: Dunkel, elegant und geheimnisvoll mag der Londoner Designer Alidad seine Bücherwelt. Sie soll Wärme und Gemütlichkeit ausstrahlen.
In seinem study verbringt der Innenarchitekt gerne seine Abende mit Lesen, Musik hören und im Gespräch.

Ich finde und habe immer gefunden, daß sich ein Buch gerade vorzugsweise zu einem freundschaftlichen Geschenk eignet, man liest es oft, man kehrt oft dazu zurück, man naht sich ihm aber nur in ausgewählten Momenten, braucht es nicht wie eine Tasse, ein Glas, einen Hausrat in jedem gleichgültigen Augenblick des Lebens und erinnert sich so immer des Freundes im Augenblick eines würdigen Genusses.« So philosophierte der Universalgelehrte Wilhelm von Humboldt 1830 über den Wert des Buches als Geschenk in einem Brief an eine Freundin.

Das Buch als Geschenk und Sammelobjekt erfreut sich auch heute noch großer Beliebtheit. Mit steigender Zahl ergibt sich die Frage nach der Unterbringung und der Darstellung einer individuellen Bibliothek. Innenarchitekten, die sehr unterschiedliche Einrichtungsstile vertreten, stellen im folgenden ihre persönliche Bücherwelt vor und geben Ratschläge für den Auf- und Einbau einer Büchersammlung.

Extravagant liebt es der Londoner Interior-Designer Alidad: Seine Bibliothek zeigt sich ganz und gar golden. Er hat seinen *study*, so nennen die Engländer ihr kombiniertes »Studier-Lese-Fernseh-Familien-Cocktail-Ruhe-Zimmer«, in 25 orientalisch angehauchte Goldfarbschichten getaucht. »Es ist mein verzauberter 1001-Nacht-Raum«, erklärt der gebürtige Perser, »er ist intim, gemütlich und anregend zugleich – genauso wie ein Lese- und Relaxzimmer sein soll.« Die Ideen und Grundsätze, die Alidad für seinen persönlichen *study* angewandt hat, offeriert er auch seinen Kunden: »Zuerst einmal überzeuge ich sie, daß sie ganz dringend ein Bücherzimmer brauchen! Und sei es noch so klein oder gar nur ein winziges Vorzimmerchen zum Salon oder zum Schlafraum – der Mensch braucht einen Ort zum Träumen! In ihren Wohnzimmern sitzen die meisten ganz selten, obwohl es fast immer der größte und eleganteste Raum ist. Dabei braucht man Intimität und Behaglichkeit. Ich tauche daher eine Bibliothek immer in dunkle, warme und

Links: Orientalische Muster in Rot und Gold an den Wänden und an der Zimmerdecke, opulent gemusterte Stoffe auf Sesseln und Tischen – diese Bibliothek lädt ein zum Verweilen und Schmökern. Alidad selbst nennt sie »sein Nachtzimmer«.

Oben: Wie ein Gemälde aus einem alten Märchenbuch wirkt das Spiegelzimmer mit seinen Büsten, Büchern und prachtvollen Objekten. Diesen die Phantasie anregenden Raum, in dem sich das Kerzenlicht unendlich zu spiegeln scheint, richtete ebenfalls der Designer Alidad ein.

reiche Farbtöne – Rot, Grün oder Braun. Die Wände können einfach bemalt oder mit einem gestreiften Stoff bespannt, mit einer großflächig gemusterten Tapete versehen oder gar mit einer geprägten Ledertapete im Stile des holländischen 17. Jahrhunderts verschönert werden. Ich möchte die Atmosphäre eines Nestes schaffen, eines Ortes, der seinen Besitzer immer willkommen heißt, an dem er sich gehenlassen kann und der ihm Geborgenheit gibt – ganz so, wie sie die Bauchhöhle der Mutter einst bot. Neben dunklen Farben und Regalen – sie müssen ein ausziehbares Fach für die Präsentation von Büchern haben – ist ein weiches urgemütliches Sofa nötig. Mit hochgelegten Beinen soll man hier unter einer guten Leselampe am Feierabend seiner Leselust frönen können.«

Damit Bücher nicht immer wie Soldaten in Reih und Glied stehen und ganze Wände bedecken, hat der französische Designer Alexis de la Falaise einen Obelisken geschaffen, der seine Bücher trägt. Diese attraktive Büchersäule mit ihrer schlichten Linienführung ist aus hellem Holz, Esche oder Eiche gefertigt und in zwei Größen zu kaufen: 184 und 230 Zentimeter hoch. »Ich

Einen Obelisken für Bücher hat der französische Designer Alexis de la Falaise kreiert. Diese leichte, elegante Konstruktion macht es möglich, Bücher endlich einmal von allen Seiten bewundern zu können.

lebe auf dem Land, wo Holz in Hülle und Fülle zu haben ist, und ich liebe es, in meiner Werkstatt verschiedene praktische Gegenstände wie Tischchen oder Regale zu fabrizieren«, erzählt der kreative Mann, der als Innenarchitekt Boutiquen und *showrooms* für Pariser Modeschöpfer konzipiert und einrichtet. »Einen Bücherturm zu verwirklichen, der aussieht wie eine zeitlose Skulptur und gleichzeitig Platz für viele Bände schafft, war für mich eine herrliche Herausforderung.« Daß der Obelisk im übrigen auch für 365 Weinflaschen – eine für jeden Tag im Jahr – Raum bietet, ist ein praktischer Nebeneffekt.

Historische Bauten sind die bevorzugten Quellen der Inspiration für Tim Gosling. Er liebt es, ausgesuchte Gebäude zu skizzieren (rechts) und in ungewöhnliche Möbelstücke zu integrieren: Ein bezauberndes russisches Schloß aus dem 18. Jahrhundert stand Pate für diesen ganz besonderen Schreibtisch (unten).

Nicht jeder besitzt in seinem Heim ein separates Bücherzimmer. Meist beschränkt sich der Platz auf eine Bücherecke, eine Bücherwand oder ein einziges Bücherregal. Doch auch hier kann die Phantasie Wunder wirken.

Tim Gosling, der englische Chefdesigner der Firma David Linley, nimmt architektonische Meisterbauten zum Vorbild, um exklusive Möbelstücke zu entwerfen. Ein Palast vor den Toren der russischen Stadt St. Petersburg, dessen architektonische Merkmale durch Holzintarsien hervorgehoben werden, stand Modell für einen exklusiven Schreibtisch. Ein mehrteiliges Bücherregal, das die eine Wand in Tim Goslings Salon ziert, wird durch elegante Mahagonisäulen und edle Messingeinlegearbeiten zu einem raumgreifenden, dreidimensionalen Objekt.

Die gesamte Wand des Salons bedeckt das von Tim Gosling entworfene Bücherkabinett. »Es sollte klassisch und doch modern sein, einfach und doch viel, viel mehr als nur ein Bücherregal«, beschreibt er sein auffallend gut proportioniertes Werk.

Links: Im Arbeitszimmer der Interior-Designerin Marie-Eleonore von Haeften findet sich in jeder Ecke ein kunstvoll arrangiertes Stilleben.

Oben: In ihrem lichtdurchfluteten Haus auf Mallorca hat die Designerin ihre Bücher in einfachen »Wandhöhlen« untergebracht. Raffiniert wirkt der Durchblick vom Arbeits- ins Gästezimmer.

Ganz im hell leuchtenden Inselstil hat Marie-Eleonore von Haeften ihre Bibliothek in ihrer wunderschönen Finca auf Mallorca angelegt. Verschieden große Büchernischen — zwischen maurisch inspirierten Ein- und Durchblicken — spiegeln in dieser schneeweiß getünchten Bibliothek die Leichtigkeit und Frische des sommerlichen Lebens in der freien Natur wider.

Als Salon und Bibliothek dient dieser kleine, geschmackvoll dekorierte Raum neben dem Entree in Monika Apponyis entzückendem Londoner Stadthaus. Bücher sind nicht nur zum Lesen da, sondern auch als Schmuckelemente verwendbar.

Für Gräfin Monika Apponyi von MM Design in London stellte sich die Frage: »Wie kombiniere ich Bücher mit dem Fernsehgerät, der Hifi-Anlage und den großen Fotobänden und bringe trotzdem alles harmonisch in meinem kleinen Salon unter?« Geschickt und kreativ hat die österreichische Inneneinrichterin den Platz genutzt, der zu beiden Seiten entsteht, wenn man den Kamin in die Mitte einer Wand einbauen läßt. Die Regale haben eine solche Tiefe, daß sie zu einem Multifunktionsmöbel mit versteckter Musik- und Fernsehanlage wurden. Die blaugraue Farbe, die Monika Apponyi für den Holzeinbau gewählt hat, sollte fast Ton in Ton mit dem Graubeige der Salonwände sein, »damit keine auffälligen Farbklötze den Raum bestimmen, in ihm aber trotzdem Spannung entsteht. Aus den Bücherwänden sollte kein langweiliges und uninteressantes Einbaumöbel werden.«

Der Schweizer Interior-Designer Christophe Gollut hat bereits im Alter von dreizehn Jahren das Gesamtwerk Goethes und Schillers verschlungen und ist zeit seines Lebens von Büchern umgeben gewesen. Seit vielen Jahren lebt er in London und hat sich auch dort einen Büchersalon eingerichtet. »Ein Bücherregal sollte immer weit entfernt vom Licht stehen«, erläutert der Fachmann seine Bibliotheksvorstellungen, »denn das beste Licht braucht der Platz, an den man seinen Schreibtisch oder seinen Lesesessel plaziert. Idealerweise müßte das Licht von links einfallen. Die gemütlichen Sessel, die zum Lesen einladen, sollen auf keinen Fall perfekt sein — ganz im Gegenteil, verblichene Stoffe und kleine Risse im alten Leder schaffen das richtige Ambiente. Bücherzimmer müssen eigentlich etwas düster und voller Farben sein und dieses wohlige Wintergefühl vermitteln, das ein brennender Kamin noch vervollständigt.«

Jedes Detail stimmt, wenn der Schweizer Christophe Gollut Räume einrichtet. So kombiniert er eine alte Büste mit einem Buch (oben), das gar keines ist, denn Bücher können auch Schachteln oder Schmuckschatullen sein ... Seine echten Bücher in alten englischen bookcases (unten) läßt der Innenarchitekt dagegen am liebsten in Kerzenlicht eintauchen.

Die Befriedigung dreier Grundbedürfnisse erreicht der amerikanische Designer Michael Wolfson in einer kleinen Wohnung in Zürich in einem einzigen Raum: Essen, Geselligkeit und Ruhe. In dem ochsenblutroten Speisezimmer mit den silbernen Wandleisten und der schwarzgrünen Decke erfüllt eine raffiniert konzipierte Bücherwand die Ansprüche an eine Bibliothek. »Ich habe eine verschiebbare Bücherwand auf Rollen kreiert, die genug Platz für Bücher bietet, aber gleichzeitig auch eine Sammlung italienischer Keramik zur Geltung bringt.« Hier speist man nun unter einer multifunktionalen Lampe von Ingo Maurer, an die jeder Gast mittels eines Stückes Papier seine Bewertung des Diners befestigen kann. Man kann sich aber auch einfach mit einem Buch an den Tisch setzen und die Harmonie, die dieser rote Raum ausstrahlt, genießen.

Links: Wolfson hat diese kombinierte Eßzimmer-Bibliothek geschaffen, in der starke Farben, Seidenvorhänge, ein selbst entworfener Tisch, Regale auf Rollen und eine Lampe von Ingo Maurer das Ambiente bestimmen.

Diese Seite: Ob einzelne Möbelstücke oder ganze Interieurs – Wolfson (oben) mag ausgefallene Materialien und Formen (rechts). Das Kubustischchen ist aus Stahl und wurde mit Blattgold überzogen. Gegenüber der Serge-Mouille-Lampe hängt das »Bein-Bild« von Köbi Sieber.

Diese Doppelseite: In Fiorenza Milesis Wohnung unterteilt die reich dekorierte Bücherwand den Salon und die eigentliche Bibliothek, in der der antike Lack-Schreibtisch (links) dominiert. Den Salon schmücken vergoldete Louis-XVI-Sessel und eine Dormeuse aus der Zeit Napoleons III. (oben).

Im Herzen von Mailand hat sich die italienische Innendekorateurin Fiorenza Milesi im dritten Stockwerk eines prachtvollen Palazzos einen Traum in Rot, Beige und Gold geschaffen. Sie hat sich von der Epoche Napoleons III. inspirieren lassen. Die Chefin des Einrichtungshauses Dimorae versteht es, verschiedene Materialien, Farben und Möbel so zu kombinieren, daß »ein abgerundetes Ganzes« entsteht. Bewußt hat sie die Büchersammlung in den kleinen Salon integriert. »Es ist äußerst wichtig, daß sich Bücher in guter Gesellschaft befinden«, erklärt die Mailänderin, »eine Bücherwand sollte daher mit kleinen Bildern, Familienstücken oder anderen Objekten aufgelockert werden. Wer seine Bilder an stets beleuchtete Regale hängt, kann sicher sein, daß seine Bibliothek zum Zentrum des Raumes wird.«

Rechts: Die Rotunda sollte eine »grandiose, aber auch gemütliche Bibliothek« sein. Auffallend schön ist der Fries von Adam Calkin. Mythologische Figuren und Symbole der Weisheit schmücken dieses Zierband, das die Bücherschränke von der hellblauen Holzkuppel trennt.

Diese Seite: Anthony Paines Rotunda ist eine perfekte Synthese aus überschäumender Phantasie und Detailgenauigkeit. Das rechteckige Vorzimmer (oben) wirkt durch die beiden Spiegel neben dem mit Sternen eingelegten Marmorkamin doppelt so groß.

Sie steht nicht mehr, kann aber jederzeit nachgebaut werden – die grandiose *Rotunda*, die Bibliothek des Engländers Anthony Paine. Diesen runden klassizistischen Bücherraum mit der hellblauen Kuppeldecke entwarf der Innenarchitekt 1990 für die *British Interior Design Exhibition* – und gewann damit den ersten Preis. Welch phantasievolle Ode an die Welt der Bücher! Anthony Paine hatte sich eine »prachtvolle und zugleich gemütliche Bibliothek – nicht theatralisch und auch nicht kitschig« vorgestellt. Dieser Balanceakt ist ihm mit seinem Entwurf gelungen. Als inspirierend erwies sich seine große Vorliebe für klassizistische Architektur. Eines der auffälligsten Elemente der *Rotunda*, der schmale Bilderfries unter der achteckigen Holzkuppel, die der Designer im »Blau eines englischen Himmels« hat ausmalen lassen, stellt in einem Bilderreigen Apollo, die neun Musen und weitere mythologische Figuren dar.

IV
Buch & Kunst

Bibliotheken als Kunstobjekte
Don Giovanni Guiso, Siena
Stefan Riedl, Wien
Sylvie Fleury und John M Armleder, Genf
Gonzalo Gorostiaga, Buenos Aires

Buch als Kunst
Arnulf Rainer, Wien
André Heller, Wien
Marisa Albanese, Neapel
Emilio Isgrò, Mailand
Peter Wüthrich, Bern

Don Giovanni Guiso, Teatrini-Sammler, Siena

Diese Doppelseite: Wenn Don Giovanni Guiso (oben) zu einem Opernabend (rechts: Madame Butterfly) einlädt, ist der Erfolg vorprogrammiert, denn der gebürtige Sarde läßt seine vom Band singenden Porzellanprotagonisten in wunderschön dekorierten Miniaturtheatern auftreten.

Die Welt ist ein Theater. Nicht erst seit Shakespeares *Wie es Euch gefällt* ist das eine Binsenweisheit. Daß das Theater das Leben widerspiegelt, demonstriert Don Giovanni Guiso aus Siena auf kleinster Bühne. Er ist Herr und Meister über sechzig Miniaturtheater und ebenso viele Protagonisten. Seine *teatrini* haben Kleinstformat, einige sind sogar zusammenklappbar. Die bis zu dreihundert Jahre alten, aus Holz oder Karton gefertigten Bühnen sind mit gemalten Vorhängen geschmückt. Die Schauspieler sind ebenfalls aus Holz oder sogar aus Porzellan geschaffen und haben Glasaugen. Zur Aufführung von Puccinis Oper *Madame Butterfly* steht auf dem winzigen Tisch ein filigranes silbernes Teeservice, und auch der geschnitzte japanische Paravent ist ein Minimodell. Wenn dann zum wunderbaren Gesang der Mirella Freni ein kleines weißes Boot langsam über das himmelblau gemalte Meer in den Hafen einläuft, kennt der Publikumsapplaus in Guisos traumhaftem Landhaus außerhalb von Siena keine Grenzen mehr.

»Meine Theater sollen leben, nicht zu Dekorationszwecken herumstehen«, erklärt der Italiener, dessen Sammlung einzigartig auf der Welt ist. »Meine Marionetten sollen spielen und Freude bereiten.« Don Giovanni Guiso ist nicht nur ein passionierter Opernkenner mit einer unglaublichen Liebe zu jedem der Requisiten *en miniature*, die er in seinen herrlichen Theaterkästen aufbewahrt, sondern auch ein Mann, der eine Sprache spricht, an der Dante seine Freude hätte. »Ich verdanke alles meiner Kindheit in Orosei auf Sardinien«, erzählt der charmante Italiener, »diesem unvergleichlichen Stück Erde mit seiner mediterranen Blütenpracht. Ich verdanke es meiner Mutter, die mir, als ich noch ein kleiner Junge war, stundenlang Lyrik vorlas und mich mit selbstgebastelten Theatern in die Welt der Oper einführte. Statt mit anderen Kindern Streiche auszuhecken, war ich daheim in meinem goldenen Käfig und habe gelesen.« Nanni Guiso ist ein besessener Leser geblieben, der seine Lieblingsbücher im Schlafzimmer untergebracht hat, »wo sie über meinen Schlaf wachen und meine Träume beleben.« Er geht in den Geschichten

seiner Bücher völlig auf. »Ich bin wie ein guter Freund und nehme leidenschaftlich teil am Leben der Protagonisten«, sagt er und wirft sich selbst etwas theatralisch in Pose. Was für seine Theatervorstellungen gilt, trifft auch für seine Lektüre zu: Guisos Gabe der Identifikation ist grenzenlos. Er liest nur nachts, »denn in der absoluten Ruhe bin ich viel aufnahmefähiger, kreativer und hellsichtiger, meine Erinnerungen lassen die Vergangenheit farbiger erscheinen.« Immer wieder kommt er auf seine sardischen Wurzeln zurück. »So sammle ich auch nur Bücher mit sardischem Gedankengut – denn Sardinien ist die schönste Insel der Welt.«

Auf dieser Insel traf eines Tages für den kleinen Nanni ein Geschenk aus Wien ein, das sein Leben bestimmen sollte: ein Miniaturtheater aus dem Jahre 1850, wunderbar geschnitzt und weiß und gold bemalt, mit roten

Links: Theater, Oper und Literatur – Giovanni Guiso ist ein Mann der schönen Künste. Er kann ganze Tage damit verbringen, in Büchern nach alten Inszenierungen zu suchen, ein Bühnenbild zu rekonstruieren oder sich in sardische Geschichten zu vertiefen.

Oben: Guisos ältestes teatrino (17. Jahrhundert) zeigt einen gemalten Apothekerschrank und stammt aus Siena. Bewacht wird es von der Fahne seiner contrada, genannt die Giraffa, die am palio in Siena jedes Jahr im Sommer um den Sieg reitet.

Samtvorhängen; dazu gehören Porzellanpuppen, die als Darsteller der Oper *Il Trovatore* von Verdi dienen. Damit wurde in jungen Jahren eine Sammelleidenschaft geweckt, die bis heute andauert. Don Giovanni Guiso liebt es, die unsichtbaren Fäden seiner Puppen selbst zu ziehen. Jedes Jahr zu Silvester lädt er ein und zeigt eine seiner Opernaufführungen: *Don Giovanni*, *Don Carlos* oder *Madame Butterfly*. Und wenn die Puppen einmal nicht tanzen, bieten die vielen, reichbestückten Theaterkästen eine Attraktion für jeden seiner vielen Besucher.

Der Jurist, der sich nach seinem Studium in Rom für ein Leben in Siena entschied, der Stadt des *palio* und der *contrade* – dieser farbenprächtig kostümierten Vertreter der verschiedenen Stadtteile, die beim *palio* zu Pferd auf der Piazza del Campo gegeneinander antreten –, erklärt: »Der Platz wird zur Bühne, der *palio* wird zu einer prächtigen Inszenierung!« Einmal von Don Giovanni Guiso inspiriert, sieht man überall im täglichen Leben Theater. In diese Welt gehören Bücher, und deshalb verwundert es nicht, daß in einem seiner *teatrini* eine wunderhübsche Bibliothek versteckt ist. Heute würde der empfindsame Italiener sie mit den Werken junger amerikanischer Autoren bestücken, »um mit ihnen und ihrem oft waghalsigen Leben – reich an spannendem Inhalt, an Widersprüchen und Ambiguitäten – die Jugend zu leben, die ich nicht mehr habe und an die ich mit Wehmut zurückdenke.«

Stefan Riedl, Porträtist, Wien

Der Wiener Porträtmaler Stefan Riedl lebt wie in einem Theater – jedes Zimmer gleicht einer Bühne. »Für eine Zugehfrau ist meine Wohnung ein absoluter Alptraum«, meint er lachend, »so viele Möbel, so viele Bilder, so viele Bücher und so viel unnützes Zeugs!« Aus weißen kahlen Büroräumen hat sich der gelernte Bühnenbildner in einem Jugendstilhaus mitten in Wien ein neobarockes, neogotisches und »Neo-Louis-Toujours«-Bühnendekor geschaffen. »Anfallartig«, wie Riedl selbst meint. Er hat mit dem Pinsel gearbeitet. Dabei blieb keine Stelle trocken. Die Wände seiner Zimmer, deren genaue Anzahl er nicht kennt, hat der sammelwütige Künstler in Marmor gekleidet, mit Säulen, Steinportalen und Sockeln ausgestattet, mit ausgeklügelten Reliefs bestückt und mit Bildern alter Meister versehen – alles wurde von ihm direkt auf die Flächen gemalt.

Daß der Romantiker mit dem melancholischen Blick sein ausgefallenes Ambiente nur in Kerzenlicht taucht, begründet er selbstbewußt: »Ich bin kein Freund von Elektrizität, die tötet jede Stimmung.« Sie würde aber das Lesen einfacher machen. Doch das stört Stefan Riedl nicht. Er kann seine heißgeliebten Architekturbände, seine vielen Bücher über Wien und seine unzähligen historischen Werke im Schummerlicht einer Kerze oder eines alten kleinen Petroleumlämpchens erst recht genießen. »Ach, wenn Sie wüßten«, beginnt er fast verzweifelt, »Lesen ist mein großes Laster – aber Laster machen so viel Spaß!« 5000 Werke haben sich bei ihm angesammelt, und er hat seine Bibliothek zum Schlafzimmer erklärt. Oder umgekehrt, er hat sein Schlafzimmer zur Bibliothek erklärt, »denn in Büchern schlafe ich am allerbesten.«

Regelmäßiger Pilgerort ist für den Maler und Büchernarren das legendäre Wiener Auktionshaus Dorotheum. »Dort kann ich stundenlang herumstöbern. Ich bin stets auf der Suche nach großformatigen Architekturbüchern. Da ich nicht nach perfekten alten Einbänden fahnde, werde ich oft fündig. Ich mag Fragmente. Und wenn es ein bißchen brösselt und ein Buch sich so schön im Auflösungszustand befindet, fasziniert es mich am allermeisten.

Der Porträtmaler Stefan Riedl wohnt nicht, er inszeniert – und treibt dabei ein lustvolles Verwirrspiel mit Prunk, Kitsch und Chaos. Seine Wohnräume hat er alle mit Säulen, Spiegeln und Wandmalereien versehen. Was echt aussieht, kann auch gemalt sein.

Rechts: Ein einmaliger Blick in ein einmaliges Schlafgemach: »Hier fröne ich meinem Laster, dem Lesen«, gesteht Stefan Riedl, »doch nie bei Tageslicht, nur bei Kerzenschein.«

Oben: Stefan Riedl bewahrt nicht nur jeden Flohmarktfund, jeden Bilderrahmen und jedes Buch, sondern auch unzählige Papiermodelle von Opernsets auf.

Bücher in einem unbefleckten Zustand hasse ich!«

Bei Stefan Riedl wird nachts gelesen. Dabei hat er immer »ein etwas schlechtes Gewissen, denn am Morgen schlafe ich, am Nachmittag gehe ich spazieren oder auf Büchersuche, und in der Nacht sollte ich malen – schließlich nenne ich mich ja Porträtist.« Doch da ist das Laster, und das will befriedigt werden. In seinem »Asyl für Monstermöbel mit speziellem Kinderschreckambiente« – so charakterisiert er selbst seine Wohnmischung aus erlesenstem Mobiliar und wackeligen Flohmarktstücken – hat der prunksüchtige Künstler seine Bücher immer in Reichweite. »Ich will sie anfassen, fühlen, liebevoll behandeln können – und nicht einfach in eine Ecke stellen.«

Wenn er von Robert Musil oder Honoré de Balzac, den er »leider«, wie er betont, nur auf deutsch lesen kann, spricht, dann glänzen seine Augen. Und wenn er eines seiner zerlesenen Lieblingswerke über Johann Bernhard Fischer von Erlach, den österreichischen Baumeister des Spätbarock, in seinen Händen hält, gibt er es erst Stunden später wieder frei. »Am liebsten wühle ich lesend im Moderhaufen der Vergangenheit – das ist einfach herrlich. Aber das universellste, phantasievollste und mir am engsten verwandte Buch ist – dreimal dürfen Sie raten – *Alice im Wunderland*.«

Sylvie Fleury und John M Armleder, Künstler, Genf

Ihr Thema ist die Alltagskultur. Sie beschäftigt sich mit Kultgegenständen und Zeitgeistidealen wie Auto, Mode, Schönheit. Sie befaßt sich mit unersättlichen Shoppingwünschen und der ewigen Sehnsucht nach Glamour, Beauty und Lifestyle. Die Künstlerin Sylvie Fleury aus Genf machte bereits Ende der 1980er Jahre mit ihren Designereinkaufstüten Furore, die sie als Gesamtkunstwerk kreierte und *C'est la vie!* oder *Give hope* nannte. Mittlerweile erregen ihre raumfüllenden Installationen und Aktionen allerorten Aufsehen: die silbernen oder pinkfarbenen, fellbezogenen oder zu einem Sitzmöbel umfunktionierten Raketen, die Videoinstallationen über den Fitnesswahn, die mit Kunstfell versehenen Mondrian-Gemälde, die in Galerien geparkten, aufgepeppten amerikanischen Autos, die Fotoarbeiten *Roadtest (Is Your Make-up Crashproof?)* oder die um ein Vielfaches vergrößerten Coverseiten von Mode- und Glamourmagazinen.

Zu soviel Phantasie und Hintersinn muß es im privaten Leben der beiden Künstler Sylvie Fleury und John M Armleder einen Gegenpol geben. Dieses Gegengewicht steht als romantisch-verwunschenes Märchenhaus im Herzen von Genf. In dem alten Gebäude mit einem bezaubernd verwilderten Garten kann Sylvie »Energie tanken und Inspirationen holen«. Hier hat sie genügend Platz für ihre riesengroße Schuhkollektion, für ihre Sammlung dekorativer Schmuckspinnen, die in jeglichen Größen und Materialien ihr Schlafzimmer belagern, und für die Berge von Zeitschriften und Büchern, die sie für ihre Arbeit benötigt.

John M Armleder, Maler und Installationskünstler, der oft auch mit Sylvie zusammenarbeitet, ist ein absoluter Bücherfreak. In den 1970er Jahren war er Eigentümer des Genfer Buchladens Ecart, der sich auf Kunstbücher der 1950er und 1960er Jahre spezialisiert hatte. Seit er sich von dem Geschäft getrennt hat, steht ein Großteil des Ladenbestandes »in jedem Zimmer, in jeder Ecke und auf jeder möglichen Ablage in unserem Haus.« Doch nur ein Zehntel der Bücherschätze kann das Künstlerpaar daheim aufbewahren, »der Rest liegt ungeordnet in irgendwelchen Kisten«, darunter ein ganzes Archiv

Die Installationskünstlerin Sylvie Fleury und der für seine Schüttbilder und raumfüllenden Assemblagen bekannte John M Armleder lieben es, sich mitten in ihre Bücherberge zu setzen, um stundenlang zu wühlen und zu schmökern.

Zimmer mit Aussicht: Aus dem Eß-zimmer, das gleichzeitig als Bibliothek dient, fällt der Blick durch den Salon in einen kleinen, verwunschenen Garten. Die rote Draperie über der Durchgangstür betont den theatralischen Charakter dieses romantischen alten Hauses.

Kunstfell auf Bildern, Bällen und Raketen: Sylvie Fleury spielt gern mit synthetischen Materialien. Ihr Werkbuch First Spaceship on Venus and other Vehicles ist bereits ein Kultbuch.

zu sogenannten B-Movies aus der Zeit der 1940er bis zu den 1980er Jahren: »Es sind Spezialbücher, Artikel, Schriften und Anmerkungen zu Science-fiction- und Horrorfilmen, die einmalig sind und die man heute so nirgendwo mehr finden kann.«

Eine Bibliothek gibt es in dem ausgefallenen Fleury-Armleder-Domizil gleich neben dem Salon. Es ist ein hoher Raum, dessen übervolle Regale bis an die Decke reichen. Hier an einem beladenen Tisch zu sitzen, sich in den vielen Kultbüchern zu verlieren und ab und zu einen Blick in das kleine Gartenparadies zu werfen, das ist für die beiden »einer der schönsten Momente des Tages.« Überhaupt liebt es John, der auch Kunstkataloge produziert, stets und überall von Büchern umgeben zu sein, »denn irgendwie habe ich das Gefühl, daß allein schon beim Ordnen von Büchern, beim Anfassen der Seiten und Durchblättern ein Teil der Informationen, die die Bücher enthalten, an mich übergehen. Sie drängen sich mir praktisch auf.«

Gonzalo Gorostiaga, Trompe-l'œil-Maler, Buenos Aires

Betritt man das Atelier von Gonzalo Gorostiaga in Palermo Viejo, dem Künstlerviertel der argentinischen Hauptstadt Buenos Aires, traut man seinen Augen kaum. Alles ist bemalt – die Wände, der Boden, die Möbel, die Vorhänge, Regale und Paravents. »Kann ich etwas nicht bekommen, dann mal ich's mir einfach!« meint der Trompe-l'œil-Spezialist, ohne mit der Wimper zu zucken. »Ich kann mir so fast jeden Wunsch erfüllen.«

Intensiv studiert Gonzalo Muster und Blauschattierungen asiatischer Keramikgefäße, bevor er seine Pinsel in die Farbe taucht. Ebenso verfährt er, bevor er Tapisserien aus dem 18. Jahrhundert malt, Kissen »stickt« oder Bilder auf Vorhänge »appliziert«. Akribisch genau malt der Künstler liegende oder stehende lederfarbene Buchrücken nebeneinander, »legt« halbgeöffnete Bücher auf gemalte Regale.

So füllt er seine Bibliothek mit wertvollen Bänden und läßt sein Sofa von Kissen überquellen, die mit mittelalterlichen Motiven »bestickt« sind. In einem alten Schrank tummeln sich hinter Maschendraht wohlgenährte zufriedene Küken, und auf Regalen »stehen« blauweiße chinesische Vasen kunstvoll arrangiert. Nur sind die Bücher ohne Inhalt, die Kissen nicht tatsächlich bestickt, die Küken piepsen nicht, und die Vasen brechen nicht in tausend Stücke, sollten sie herunterfallen. Denn dies ist das Heim von Gonzalo Gorostiaga, dem *Augentäuscher*.

»Natürlich male ich Bücher, weil ich sie liebe«, erläutert er und zeigt auf den gerade fertiggestellten Bibliotheksparavent, »aber auch, weil sie eine Geschichte haben, weil sie so schön alt werden, weil sie luxuriös und dramatisch zugleich sind. Zudem haben sie Tradition und Eleganz und sind gleichzeitig dekadent. Bücher erzählen uns Geschichten aus anderen Welten – nicht nur vom Inhalt her, sondern einfach durch ihre zerfallenden Ledereinbände und ihre verblaßten Goldlettern auf dem Rücken. Bücher bedeuten Ordnung und Chaos zugleich. Wie sind sie angeordnet – stehend, liegend, gestapelt? All dies interessiert mich, und alle diese Überlegungen versuche

Ausräumen, Abstauben, Einräumen sind bei diesem Küchenschrank nicht gefragt. Der argentinische Trompe-l´œil-Spezialist Gonzalo Gorostiaga hat sich seine Küche einfach gemalt – und kann sich so fast jeden Wunsch erfüllen.

Diese Doppelseite: Ob Tücher, Kissen, Mauern oder Leinwände – Gorostiaga mag nichts Unbemaltes. Und weil ihn Bücher faszinieren, malt er sie überall hin, aber am liebsten auf Paravents, die er ständig verschieben kann: »So habe ich meine Bücher immer bei mir.«

ich in meine Malerei einzubringen. Schließlich begleiten uns Bücherregale durch unser ganzes Leben. Und immer lassen uns die Buchrücken – auch gemalte – phantasieren. Und zwar auch ohne das Buch je gelesen zu haben.«

Gonzalo Gorostiaga hat die Kunst des Täuschens nicht erlernt, er hat keine Kurse besucht und kann daher auch nicht den Namen einer berühmten Kunstschule in seiner Vita verzeichnen. »Ich bin ein hundertprozentiger Autodidakt«, sagt der Künstler, der sechs erfolgreiche Jahre in London gearbeitet hat, ganz zufrieden. »Nur einmal habe ich einen Aquarellmalkurs besucht. Ich war aber so ungeduldig mit dem Lehrer und mit mir selbst, daß man mir sehr bald nahelegte, ich solle den Kurs verlassen. Und so habe ich halt geübt, bis ich's konnte.«

Mittlerweile ist der gebürtige Argentinier von der Maltechnik, die das Falsche ins richtige Licht rückt, »völlig besessen«. Er malt in Trompe-l'œil-Technik Szenen, Möbel und Muster für Kunden in der ganzen Welt. »Am liebsten male ich Bücherwelten – denn die werden nie unmodern!«

Was gehört zu Büchern? Wenn es nach Gorostiaga geht, wirken Bücher am besten in Gesellschaft von Keramikschalen und Vasen, kleinen Bildern, Reiseandenken und Globen. Damit hat er jedenfalls seine »Bücherschränke« gefüllt.

Arnulf Rainer, Künstler, Wien

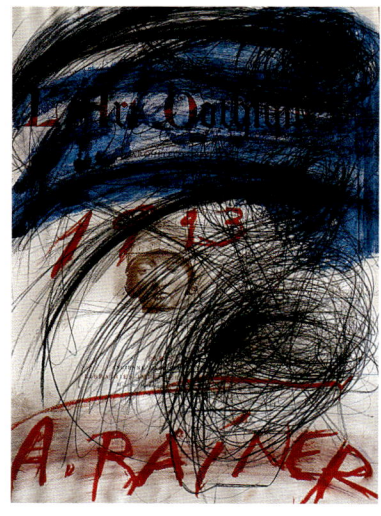

»Mit den Büchern, die Arnulf Rainer für seine Übermalungen aussucht, erschafft er sich in einer bewußten Reaktion auf die universal schaffenden Künstler der Renaissance als homo secundus deus sein Universum«, schreibt Barbara Catoir in Übermalte Bücher.

Eine Buchseite als Fond, als Ur-Grund, um übermalt, überdeckt, überarbeitet zu werden – Bücher als Träger neugeschaffener Werke.

Der österreichische Künstler Arnulf Rainer hat in fünfunddreißig Jahren etwa zweihundert alte Bücher übermalt, meist großformatige Bildbände: Kunstbücher, Anatomiebände, Werke über Tier- und Pflanzenkunde und über Architektur, aber auch Shakespeares Opus und schließlich sogar die Bibel. »Bücher sind für mich ein Zugang zu Kunst und Kultur der Vergangenheit«, sagt der ehemalige Leiter der Meisterklasse für Malerei an der Akademie der Bildenden Künste in Wien, der Mitglied der Akademie der Künste in Berlin und des Österreichischen Kunstsenats ist. »Ich kaufe alle neuen Bücher über die großen Maler der Vergangenheit, denn inzwischen ist die Reproduktionstechnik so gut geworden, daß man Ölbilder auf diese Weise besser sehen kann als in den Gemäldegalerien. Selbst in den berühmten großen Museen sind die Werke durch rahmenbedingte Schlagschatten oder Beleuchtungsspiegelungen oft entstellt oder zumindest schlecht inszeniert. Ein Buch bietet da perfektere Ansichten.«

Arnulf Rainer überarbeitet einzelne Blätter mit einem Bleistift, schwarzer Ölkreide oder mit farbigen Pastellkreiden und vereint sie zu Zyklen. Er bevorzugt starke Striche und breite Farbbahnen, er deckt ganze Flächen mit Fingerfarben zu – meist mit soviel Transparenz, daß das Ausgangsbild zu erkennen bleibt. Jedem Werk, das der Maler überarbeitend schafft, ist eine lange intensive Suche nach geeigneten Objekten vorausgegangen. Ob Darstellungen des menschlichen Gehirns oder der Körpersprache, Körperhaltungen und Gesichtsausdrücke von Geisteskranken, Schlangenillustrationen oder architektonische Abbildungen, Gedichte oder Künstlerporträts – jedes Objekt, das Arnulf Rainer auswählt, ist untrennbar mit seiner Persönlichkeit verbunden.

Eines der ersten Bücher hat der Künstler, der 1929 in Baden bei Wien geboren wurde, in den 1960er Jahren überzeichnet. Es ist dies *Gilgamesch. Eine Erzählung aus dem Alten Orient*, ein Buch-Bild-Zyklus mit vierzehn Fak-

simile-Überzeichnungen, die Arnulf Rainer in einer expressiv-exzessiven Weise über und über mit schwarzen Farbstrichen fast völlig zugedeckt hat. Dieses Werk erschien 1979 auch in einer Faksimileausgabe.

Obwohl Arnulf Rainer in seinem Atelier in Spanien eine herrliche Büchersammlung besitzt, sagt er: »Ich bin nicht so sehr ein passionierter Büchersammler, eher ein passionierter Überzeichner und Maler. So haben auch meine Bücherkäufe stets mit der Materialsuche für meine künstlerische Arbeit zu tun. Ich kaufe immer unter dem Gesichtspunkt, wieviel und welches Bildmaterial ein Buch in sich trägt. Meine Bibliothek habe ich nach bisherigen und zukünftigen Bilderserien geordnet.«

Rainers provokanteste Buch-Übermalung gilt der Bibel. Sie ist – gesteht er – seine bisher größte Herausforderung gewesen. Einhundertsechzig Illustrationen hat er für eine limitierte Auflage von 3000 Exemplaren bearbeitet. Und was wird das nächste Buch sein? »Dantes *Göttliche Komödie* – an den Radierungen dazu arbeite ich bereits.«

Etwa zweihundert alte Bücher hat der österreichische Künstler bisher übermalt. Ob Architekturbände, die Naturgeschichte der Säugetiere oder Holbeins Portraits of the Court of Henry VIII. – Bücher sind für Rainer stets Träger neuer Kunstwerke.

Rot, Dunkelblau und immer wieder Schwarz. Vor allem Schwarz ist die Farbe, mit der Arnulf Rainer sehr häufig arbeitet. In einem abgelegenen alten Bauernhof, in dem auch das Atelier untergebracht ist, bewahrt der Künstler einen Teil seines Werkes, das bereits mehrere tausend bemalte Blätter umfaßt, in Schubladen auf.

André Heller, Multimedia-Künstler, Wien

Bücher haben mir bereits einmal das Leben gerettet. Das war damals, als ich als kleiner Junge im Internat bei den Jesuiten war. Wir durften keinen einzigen privaten Gegenstand in den riesigen Schlafraum mitnehmen, gar nichts Persönliches. Musikhören war auch nicht erlaubt, es gab ja auch noch keine Kassettenrekorder. Das einzige gegen unerträgliches Heimweh waren Bücher. Und da sowohl mein Vater als auch meine Großmutter eine wunderbare Bibliothek besaßen, war ich gerettet. Ich las die Bücher aber nicht nur mit Inbrunst, sondern legte jeweils vor dem Einschlafen ein Buch aufgeschlagen auf mein Gesicht – es wurde zu einer Art Schutzdach. Und es war mir, als ob ich in diesem Buch habe wohnen können.«

Der Wiener André Heller, von Beruf Aktionist, Erfinder, Komponist, Sänger, Literat, Feuerwerker, Zeichner, Regisseur, Gärtner und Verwandlungsreisender, hat zu seinen Büchern nach eigenen Aussagen eine »sehr sinnliche Beziehung«. Die große Bibliothek seines Vaters, der nie in Österreich gelebt hat, war für ihn ein Glücksfall. Als Kind las er nicht etwa Karl May, sondern Peter Altenberg, Jules Verne und Daniel Defoe. »Bücher waren lange Zeit meine eigentliche, meine wirkliche Familie«, erzählt der kreative Mensch, auf dessen Ideenkonto Projekte wie der Berliner *Wintergarten*, der *Chinesische Nationalzirkus* mit den *Begnadeten Körpern* oder die von Künstlern realisierten *Flying Sculptures* gehen. »Bücher können sich nicht wehren«, fährt er fort, »ein Stendhal zum Beispiel kann mir nie sagen, daß er mich nicht mag und nicht haben möchte.«

André Heller bewohnt die Bel Etage eines wunderschönen Barockpalais' aus dem Jahre 1702 im ersten Wiener Bezirk. »Ich lebe in gesegneten Räumen«, erzählt er begeistert, »denn hier drinnen haben schon Schubert und Mozart musiziert und hier wurde die österreichische Widerstandsbewegung ins Leben gerufen.« In dem großen Raum neben dem Salon hat der Multimedia-Künstler seine Bücher deponiert, auf seinen Schreibtischen – »drei, damit ich nicht ab- und aufräumen muß« –, auf dem Boden neben dem Klavier,

Ein Künstler, der in keine Kategorie paßt: André Heller ist Erfinder, Veranstalter, Regisseur, Sänger und Autor. Als Designer hat er die Buchdeckel der neuen Brockhaus Enzyklopädie 2000 mit ungewöhnlichen Hilfsmitteln gestaltet.

Oben: Es gibt ihn 2200mal, den neuen Brockhaus.
Rechts: Ein Kopf von Georg Baselitz bewacht André Hellers Arbeitswelt.
Folgende Doppelseite: Das fünfteilige Werk, das diesem Arbeitszimmer Harmonie verleiht, stammt von Wolfgang Herzig, die Anatomiefigur datiert aus dem 19. Jahrhundert.

auf vereinzelten Regalen. Eine Bibliothek hat Heller, der von sich sagt, er lese täglich – »ständig, so wie andere Leute Zwischenmahlzeiten zu sich nehmen« –, an seinem zweiten Wohnort in der Lombardei. »Und so reise ich immer mit Übergewicht, denn die Bücher, die ich brauche, befinden sich grundsätzlich nicht dort, wo ich gerade bin oder hin will.«

Im Wiener Domizil ist eines seiner neuesten Werke präsent: die 24bändige *Brockhaus Enzyklopädie 2000*. Wie der österreichische Maler und Graphiker Friedrich Hundertwasser vor ungefähr zehn Jahren, so hat auch André Heller dem *Brockhaus* ein neues Gewand gegeben. Es ist weder aus Pappe, noch aus Leder oder Stoff – es ist zusammengesetzt aus kleinen Wunderkästen. Den alten Kunstkammern des 17. Jahrhunderts nachempfunden, sind in die Buchdeckel durchsichtige Döschen mit kleinen Schätzen gelegt, die die inhaltliche Vielfalt der Enzyklopädie wiedergeben sollen: ein Stück Holz, ein Relief, eine Münze, ein Freundschaftsbändchen, eine Feder, Halbedelsteine und ein Stück des Schals vom Dalai Lama, ein weiteres von Boris Beckers Tennisschläger und eines vom Hemd des Opernstars Placido Domingo. »Ich wollte eine Art Vitrine machen, wie man sie oft zu Hause stehen hat – voll persönlicher Schätze, Belege besonderer Augenblicke in einem Menschenleben. Diese Vitrine sollte gleichsam der Bucheinband sein. Eine Sammlung von Welt also, eine kleine Welt in unserer Welt.« Diese Vitrinen in Kleinstformat haben 3,2 Zentimeter Durchmesser und sind 4,5 Millimeter hoch. Drei Mitarbeiter aus Hellers Wiener Werkstatt, in der der innovative Mann je nach Projekt bis zu 600 Menschen beschäftigt, sind daraufhin durch die Welt gereist und haben 4,5 Millimeter hohe Dinge für die limitierte *Brockhaus Enzyklopädie 2000* suchen müssen – von jedem Stück 2200 Exemplare.

André Heller hat vierzehn Bücher veröffentlicht und fünfzehn Platten besungen, er hat in Indien das Ereignis *Jag Mandir – Das exzentrische Privattheater des Maharan von Udaipur* inszeniert, am Broadway das Stück *Wonderhouse* aufgeführt, in Hongkong einen 55 Meter hohen Bambusmann schwimmen lassen und im österreichischen Wattens einen Wundergarten angelegt. Sohn Ferdinand hat die Kreativität geerbt und ist bereits auf Vaters Spuren gewandelt. Der Zehnjährige hat gerade sein erstes Buch geschrieben: *Spider Kid*.

Marisa Albanese, Künstlerin, Neapel

Palindrome, Sätze, die vorwärts und rückwärts gelesen den gleichen oder einen anderen Sinn ergeben wie »IN GIRUM IMUS NOCTE, ECCE ET CONSUMIMUR IGNI«, faszinieren die italienische Künstlerin Marisa Albanese. Sie »spielt« mit solchen Sätzen. Sie schließt Worte in Glas ein und läßt sie durch ein kleines Fenster in einem Metallschaukasten ansehen. »Ich benutze das Glas wie eine durchsichtige Buchseite, auf der ich meine Worte oder Sätze treiben beziehungsweise schwimmen lasse. Das Glas wird von einem Spiegel reflektiert, so daß auf dem Spiegelbild das Wort oder der Satz von hinten gelesen werden können.«

Mit ihren gläsernen Buchseiten stattet Marisa Albanese nicht nur kleine Metallkästen auf interessante Weise aus; für das Haus einer römischen Kunstsammlerin entwarf sie sogar Glastüren, in die sie mit großen Lettern lateinische Zitate schrieb. Sie sind einem Gespräch zweier Badender in einer antiken römischen Therme entnommen. Die Quintessenz: Wasser bedeutet Freundschaft, denn die Römer haben im Wasser stehend miteinander über alle wichtigen Dinge des Lebens diskutiert.

»In meiner Arbeit habe ich immer wieder mit Worten experimentiert«, erklärt die dunkelhaarige Neapolitanerin. »Zuerst waren es nur einzelne Zeichen, dann kombinierte ich Sätze aus verschiedenen Texten miteinander, um so einen dynamisch-visuellen Kreislauf zu schaffen.« Die Künstlerin mit dem Gespür für den tieferen Sinn verwendet in ihren Werken nicht nur Palindrome, sie zitiert auch aus den Texten ihrer Lieblingsschriftsteller Italo Calvino, Robert Musil und Edmond Jabès. »Ich leihe mir von ihnen einfach Sätze aus für mein eigenes Gedankengut.« Worte wurden in Albaneses Arbeiten zu mystischen Elementen, die die Künstlerin nicht erklärt haben möchte. Sie ist inzwischen noch einen Schritt weitergegangen. In ihren Werken bereichert Marisa das Wort durch Fotografien von »sprechenden« Händen.

Bücher sind für die sensible Frau mehr als nur Wissensspeicher und Wissensspender, sie sind für sie *scatole cinesi*, chinesische Schachteln, die eine

Diese Doppelseite: Geschriebenen Worten und sprechenden Händen widmet die Neapolitanerin Marisa Albanese (links) ihr künstlerisches Schaffen. Die Sprache der Hände, die oft obszöner Natur ist, betrachtet die Künstlerin als Alphabet (hier in Gips gearbeitet), durch das wir miteinander kommunizieren.

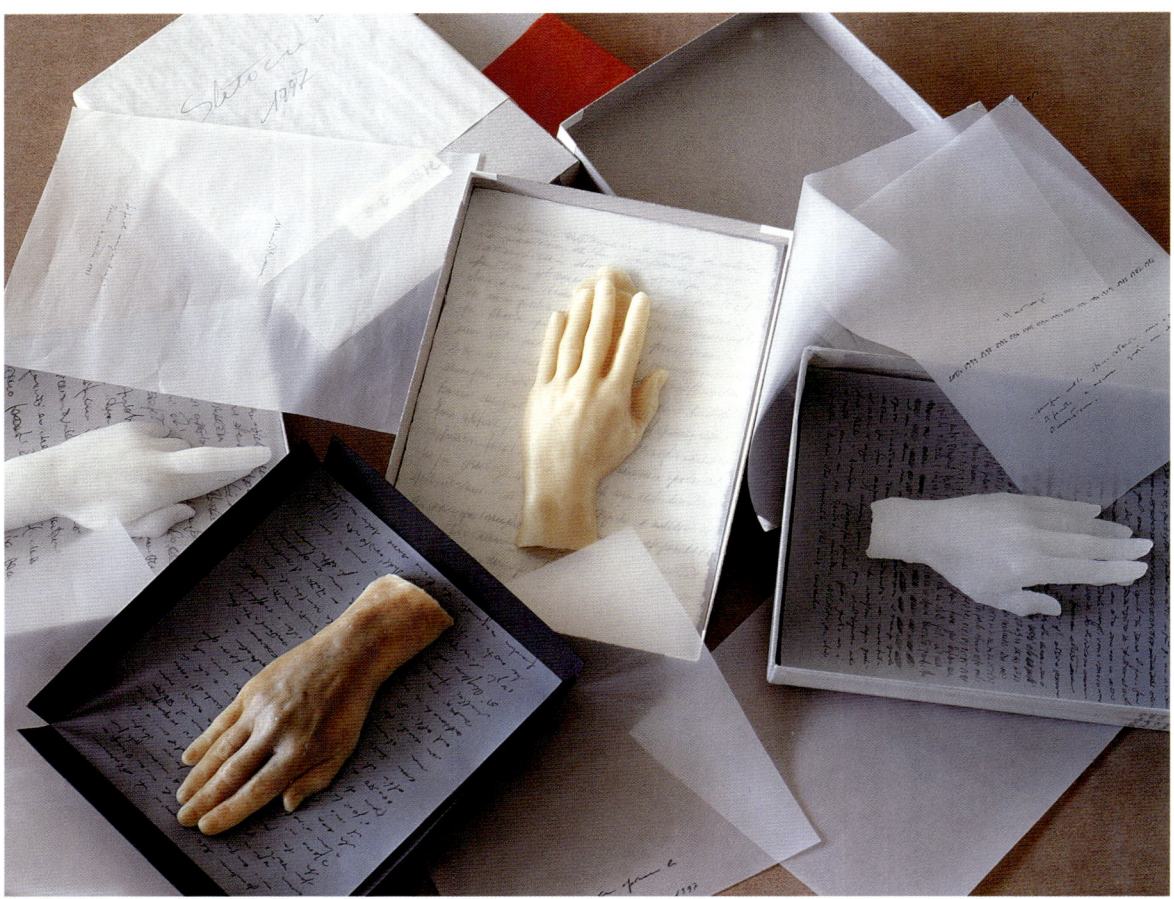

Oben: Unseren Blick weiten will die Künstlerin mit ihrer Arbeit, denn was wir sehen, ist nicht so wichtig, wichtiger ist ihr, wie unser Blick reagiert.
Rechts: Bücher sind schwerwiegende Elemente, denen man in vielerlei Form phantasievoll huldigen sollte.

immer noch kleinere Schachtel in sich verbergen. »So dringe ich immer tiefer in die Protagonisten einer Geschichte ein, als Leser habe ich mit meiner Sensibilität und Interpretation Einfluß auf ein Werk.« Das Buch selbst, seine Form und sein Aussehen, ist für Marisa ein sinnliches Objekt. Sie spricht beinahe feierlich von den Sinnen – dem Tastsinn, aber auch dem Geruchssinn –, die von einem Buch angesprochen werden. Und hat sie ein Buch zu Ende gelesen, überkommt sie ein Glücksgefühl der Dazugehörigkeit, aber auch ein trauriges Empfinden des Abschiednehmens.

Die Künstlerin ist eine treue Leserin, das Buch ihr ständiger Begleiter. Hat sie einen Autor für sich entdeckt, will sie alles von ihm lesen. Momentan ist es Thomas Bernhard. Sie liest ihn im Wechsel mit philosophischen Schriften, die immer wieder zu ihrem Leseprogramm gehören. Einen festen Platz für eine Bibliothek hat Marisa Albanese nicht. Ihre Bücher sind dort, wo sie selbst ist. »Sicher stehen im Hause einige in den Regalen, aber die meisten befinden sich irgendwo«, erzählt sie mit einem strahlenden Lächeln. »Nur zwei nicht – Robert Musils *Der Mann ohne Eigenschaften* und *Der Meister und Margarita* von Michail Bulgakow, die befinden sich ständig auf meinem Nachtschränkchen am Bett.«

Emilio Isgrò, Multimedia-Künstler, Mailand

Ich glaube, daß das Buch für uns Europäer die Erde ist, das Wasser, das Vaterland und auch unser Heim, das Haus, in dem wir wohnen. Daher habe ich riesengroße Bücher geschaffen, damit man sich dort drinnen noch besser aufhalten kann. Eines Tages werde ich ein Buch kreieren, das zehn oder zwölf Stockwerke hat – oder noch besser: einen wahrhaftigen Wolkenkratzer.«

Das sagt ein Künstler, der an Leinwänden arbeitet, die die Form von übergroßen Büchern haben, die zu Skulpturen und damit zur Basis seiner Gemälde werden. Emilio Isgrò arbeitet auf selbstverfaßten Gedichten und schreibt Texte in seine übermalten Bücher. »Ich gehöre zur Kategorie der Multimedia-Künstler – was für ein fürchterliches Wort!«, beschreibt er lachend seine Berufsgattung.

Mit seinen Durchstreichungen – übermalten und ausgestrichenen Büchern – macht der gebürtige Sizilianer, der in Mailand lebt und arbeitet, seit mehr als dreißig Jahren Furore. Er begann mit dem Schreiben, hat Gedichte, Romane und Theaterstücke verfaßt und erfolgreich veröffentlicht. »Daraufhin mußte irgendwie die *Cancellatura* – die Streichung – folgen«, erklärt der Künstler, der viermal an der Biennale in Venedig teilgenommen hat, »sie kam für mich am Ende einer langen und abenteuerlichen Fahrt; sie kam wie ein wahrhaftiger *coup de théâtre*.« Und gleich spinnt er seinen Gedankenfaden weiter: »Überhaupt ist meine ganze Arbeit irgendwie ein Theater, es ist die Inszenierung des Jahrhunderte alten Kampfes zwischen dem Wort und dem Bild. Oder noch besser – zwischen der verbalen Kultur und der Kultur des Bildes. Und wer wird am Ende wen ausstreichen? Das ist die Frage, die wir fürs nächste Jahrtausend lösen müssen, wenn wir nicht wollen, daß ein Volk von stummen Fischen den Mars erobert.«

In seinem Leben hat Emilio Isgrò die verschiedensten Bücher bearbeitet: von der *Divina Commedia* Dante Alighieris bis zu Goethes *Faust*, vom Evangelium bis zur *Encyclopedia Britannica*, oder auch Werke von Shakespeare,

---

Der Jahrhunderte alte Kampf zwischen Wort und Bild steht im Zentrum der Kunst des Sizilianers Emilio Isgrò (rechts). Seine Bücher hat er selbst geschaffen, gemalt, beschrieben, bedruckt.
Es sind Leinwände, die die Form von Büchern haben, oder Bücher, die zu Leinwänden werden.

Kant und Freud. »Sehr oft aber wollte ich den Titel des durchgestrichenen Buches nicht preisgeben«, erläutert der Künstler, »weil ich verhindern möchte, daß meine Arbeit als Geste purer Zerstörung angesehen wird. Denn sie ist vielmehr ein ernsthafter Versuch, das Wort von all seinen nutzlosen Bedeutungen zu befreien und ihm dieses Geheimnisvolle zurückzugeben, das es besaß, als es zum erstenmal ausgesprochen wurde. Mit anderen Worten: das erste *Mama* eines Kindes ist nicht weniger interessant als Hamlets *to be or not to be.*«

Emilio Isgrò liest als professioneller Leser, und das tut er ständig. Ist dies jedoch einmal nicht der Fall, dann schwelgt er in Erinnerungen an das Gelesene. »Schon als frühreifer Knabe habe ich alles gleichzeitig gelesen, Pirandello und Pinocchio, Tolstoi und diese billigen Dreigroschenromane, die ich

Isgrò, der mit Worten in verschiedenen Sprachen spielt, schuf auch das viel beachtete Libro bianco per Guglielmo Tell sowie das Calcio di Rigore (der »Elfmeterschuß«), ein geöffnetes, bemaltes »Buch«, das ungeheure 186 x 215 x 50 cm mißt.

mir bei den weiblichen Lehrlingen in der benachbarten Schneiderei ausgeliehen habe.« Noch heute, gesteht er offenherzig ein, geht er in den Buchhandlungen »mit größter Unbefangenheit« an den sogenannten Klassikern vorbei in die hinterste Ecke zu den »schwachsinnigen Büchern, denn nur durch sie kann ich mir ein Bild machen von der Welt, in der ich lebe. Und dies ist für einen Künstler das Allerwichtigste.«

Mit den Büchern hingegen, »die die Gläubigen in der Kirche so schön offen in ihren Händen halten«, kann Isgrò gar nichts anfangen. »Warum sind da so viele schwarze Striche anstelle von Wörtern?« fragt er. »Was steckt dahinter? Die Ohnmacht Gottes? Oder die Hartnäckigkeit des Teufels?« Fragt's und lehnt sich ruhig in seinen Sessel zurück.

Drei eigene Bibliotheken hat sich der vielseitige Buchkünstler im Laufe seines Lebens aufgebaut: zwei in Mailand und eine auf Sizilien, wo er seine Ferien verbringt. All seine Regale sind voll von den Büchern, die ihm Künstler- und Schriftstellerfreunde geschenkt haben, und voll von Werken, die er selbst ausgewählt hat. Diese aber durchzustreichen, dafür fehlte ihm bisher noch der Mut. Auf die Frage, was bei ihm schlußendlich zuerst komme, das Buch oder die Dichtung, meint Emilio Isgrò schlicht: »Weder das eine, noch das andere. Zuerst kommt die Welt. Und die Welt ist geschaffen worden, wie Mallarmé sagt, um in einem Buch zu enden. Genau wie die Dichtung.«

Le Tavole della Legge ovvero La Bibbia di vetro heißt dieses überdimensionale Buch aus Glas, das der Wahl-Mailänder 1994 schuf. Die riesigen Gesetzestafeln von Moses hat Isgrò in Hebräisch, Altfranzösisch, Deutsch, Italienisch und Englisch beschriftet, um das babylonische Sprachengewirr zu symbolisieren.

Peter Wüthrich, Installationskünstler, Bern

Wenn ein Künstler das Objekt Buch zum Gegenstand seiner Kunst macht, interessiert der Sinn, die Frage nach dem »Warum«. Der Schweizer Künstler Peter Wüthrich erklärt seine Beziehung zu gebundenen Schriften mit folgenden Worten: »Ich betrachte das Buch als Symbol und Metapher für die Welt: die vergangene, die gegenwärtige sowie die zukünftige. Ich begegne dem Buch als Spiegel, der mir vieles vorhält, als Batterie, die alles speichert, und ich begegne ihm als dem Gedächtnis der Welt, welches mir in seiner Essenz als Medium dient.« Mehr als für den Inhalt und die Bedeutung eines Buches interessiert sich der Berner für das Objekt, den Gegenstand und dessen Vorgeschichte – die eigentliche Buchproduktion.

Auf die Formen und Farben kommt es an! Der Berner Künstler Peter Wüthrich kombiniert Bücher, einem Gemälde gleich, auf einer schneeweißen Wand und nennt sein Werk: Von der Kunst Sträuße zu binden.

Peter Wüthrich bearbeitet das weite Feld Buch auf unterschiedliche Weise: Er arrangiert verschiedene einfarbige Bücher am Boden zu einem kunterbunten Flickenteppich, zu einem farbigen Puzzle, zu einem spannenden Mosaik, wobei der Inhalt der Bücher irrelevant ist. Es geht um die physische Präsenz der Bände. Ein andermal plaziert er Bücher mit farblich abgestimmten Einbänden neben- und untereinander an eine weiße Wand und nennt das Werk *Von der Kunst Sträuße zu binden*. Dann kombiniert er einzelne Bände zu Buchkreationen, die als Gemälde eine Wand oder als Skulptur eine Ablage schmücken. Der Künstler stapelt auch Bücher in einer Zimmerecke zu einem *Literarischen Modell*, wobei die Buchrücken stets der Wand zugekehrt sind.

»Da ich mit Zehntausenden von Büchern zu tun habe, ist es mir unmöglich, alle zu lesen«, gesteht der Künstler, der mit Büchern auch – spielerischen Kartenhäusern gleich – abstrakte Bauten konstruiert. »Gezielt gesammelt werden Buchbände erst dann, wenn sich eine Arbeitsidee verdichtet.« Ausgewählt werden sie schließlich genauso, »wie ein Regisseur die Schauspieler auswählt, die ihm für sein Drehbuch und zu Rollen passen.«

Peter Wüthrich spricht mit seinen Bucharbeiten – Installationen, Objekten, Texten und Fotografien – die Phantasie des Betrachters an. Der Bücher-

Oben: Aus Bücherstapeln und Büchertürmen, in denen das einzelne Buch wie ein Backstein fungiert und nie den Buchrücken zeigt, entstand Wüthrichs Literarisches Modell (1998).

Links: An einer Wand hängt die Fotografie eines fliegenden Buches mit dem Titel Return – here, there and everywhere (1994). Dazu hat der Installationskünstler am Boden eine Collage mit farbigen Büchern geschaffen.

freund, der seine eigenen Bücher bei sich im Atelier »nach System geordnet, zu hohen Büchertürmen aufgestapelt, meist verpackt oder in Arbeit hat«, zeigt uns: Das gedruckte Wort, eingeschlossen zwischen zwei frei gestalteten Buchdeckeln, wird uns auch in Zukunft animieren, inspirieren und faszinieren.

V Büchermacher

Kunst & Handwerk
Alain Devauchelle, Paris
Andreas Schenk, Basel
Tomás Graves, Deià de Mallorca

Buch & Handel
Peter Kerssemakers, Amsterdam

Schriftstellerinnen und Schriftsteller
Cees Nooteboom, Amsterdam
Volker Kühn, Berlin
Siegfried Schmidt-Joos und
Kathrin Brigl, Berlin
Maren Sell, Paris
Mário Soares, Lissabon
Stephen Calloway, Brighton

Verlegerinnen und Verleger
Daniel Keel, Zürich
Inge Feltrinelli, Mailand
Siegfried Unseld, Frankfurt am Main
Lord George Weidenfeld, London

Literaturagenten
Ed Victor und Carol Ryan, London

Literaturkritiker
Marcel Reich-Ranicki, Frankfurt am Main

Alain Devauchelle, Buchrestaurator, Paris

Bevor die alljährliche große Pariser Auktion im Hôtel Drouot in der Salle No 8 stattfindet, ist bei Alain Devauchelle die Hölle los. Ein Großteil der Bücher und Schriften, die auf der Auktion gehandelt werden, sind zuvor in seiner kleinen Werkstatt im Hinterhof eines unauffälligen Wohnhauses restauriert und neu gebunden worden.

Alain Devauchelle hat die Werkstatt von seinem Vater übernommen; Roger Devauchelle war einer der angesehensten Buchbinder in Frankreich. Sein eigenes Buch über die Buchbinderkunst *La Reliure en France, des origines à nos jours*, das er zwischen 1959 und 1961 verfaßte, wurde inzwischen auch bei Drouot gehandelt – für fast 3000 Deutsche Mark.

Buchrestaurator wird man nicht so einfach. Davon ist Georges Deslandes, der seit fast vierzig Jahren für die Familie Devauchelle lederne Bucheinbände mit den wunderbarsten Goldprägungen schmückt, überzeugt: »Zum Buchbinder und zum Handvergolder muß man irgendwie geboren sein.« Es ist herrlich anzuschauen, wie Deslandes' Hand ruhig und gelassen schnurgerade ein Verzierungsrad führt und mit der richtigen Druckstärke das Blattgold in das in Leder gebundene Buch prägt. Der Chef ist sichtlich zufrieden mit seinem Mitarbeiter. »Beobachten Sie diese Konzentration, dieses Feingefühl, mit dem er das Leder behandelt – als wär's ein guter Freund! So kann das nur jemand, der diese Arbeit seit Jahrzehnten macht.«

Aufträge erhält Devauchelle aus der ganzen Welt. Ob Atlas, Almanach, ein über zweihundert Jahre altes Werk von Corneille oder einfach ein heißgeliebtes Kinderbuch – jedes beschädigte Buch wird mit der gleichen Sorgfalt und mit dem gleichen Fingerspitzengefühl behandelt und wieder in Form gebracht. Das ist natürlich nicht billig. »Es hat seinen Preis, ein altes Buch aufzufrischen, ihm einen neuen Buchrücken oder Einband zu schenken. Und der hängt vom verwendeten Material, hauptsächlich jedoch vom Zeitaufwand ab«, erklärt Georges Deslandes. »Wird ein in Leder eingebundenes Buch luxuriös mit Familienwappen und reichen Goldverzierungen versehen, nimmt dies Tage oder sogar Wochen in Anspruch.« Reichverzierte, goldge-

Oben: Eine ganz ruhige Hand braucht man, um mit der richtigen Druckstärke eine goldene, verzierte Linie in den ledernen Buchrücken zu prägen. In den Holzgriff können Rädchen mit verschiedenen Ornamenten eingesetzt werden.
Links: Für ihre Werkstatt haben die Devauchelles Prägestempel aus ganz Europa gesammelt.

Mit Fingerspitzengefühl und Spezialfäden werden hier handgeschriebene Blätter von Jean Cocteau gebunden. Die Blätter werden stets gereinigt, bevor sie weiter verarbeitet werden.

prägte Einbände werden für wertvolle und seltene Schriften gewählt. Trotzdem kann der neue Einband ein Mehrfaches des Wertes eines Buches kosten.

Im Laufe der Zeit haben sich die gewünschten Dekors und Formen sehr stark gewandelt. Vater Roger und Sohn Alain haben klassische Lettern und die ausgefallensten verschnörkelten Prägestempel aus ganz Europa gesammelt. Unter fast 5000 verschiedenen Messing- und Stahlstempeln kann der Handvergolder Deslandes heute wählen. »Einige davon sind über vierhundert Jahre alt«, erklärt er.

Für moderne zeitgemäße Ledereinbände ist Yvon Bramante zuständig – er ist in der Pariser Werkstatt der Spezialist für Lederreliefs. »Das bedeutet, daß ich zusammen mit dem Kunden aus den verschiedenen Lederarten die gewünschten auswähle und daraus dann eine Art Mosaik konstruiere«, berichtet er. Aus einem alten Schubladenmöbel zieht der Fachmann ein paar Lederstücke heraus. Zur Auswahl stehen Lederteile in den verschiedensten Farbtönen und Materialien; auch so Erlesenes wie Elefanten- oder Straußenleder ist darunter. »Für den ganz besonderen Geschmack haben wir sogar Haifischhaut«, erklärt Yvon Bramante, der gerade dabei ist, aus roten und violettfarbenen Lederstreifen ein Relief auf einem orange-rosa Lederband zu kreieren.

Aber nicht nur die Einbände der Bücher werden restauriert. Wenn ein altes, viel gelesenes, traurig anzusehendes Buch zu Alain Devauchelle und seinen Mitarbeitern gebracht wird, kann es auf verschiedene Weise behandelt werden: Sind seine Seiten voller Stockflecken, wird das Papier in einer besonderen Lösung à la Devauchelle wieder entfärbt; lösen sich Seiten aus einem Buch heraus, werden diese sorgfältig mit Spezialfäden gebunden; wellen sich der Deckel und die Seiten, dann wird das Buch in eine der Buchbinderpressen geklemmt.

Unter Buchbindern und Buchrestauratoren gilt ein ungeschriebenes Gesetz, das auch bei Devauchelle beherzigt wird: Nie ein Buch überrestaurieren, denn das nimmt ihm die Seele! Stets soll versucht werden, die Form dem Inhalt anzupassen. »Schließlich haben wir in der Fachwelt einen Namen, und dem wollen wir gerecht werden«, sagt der Firmenchef.

Andreas Schenk, Kalligraph, Basel

Andreas Schenk beherrscht die Kunst des schönen Schreibens. Die Schrift fließt aus der Feder, deren Kiel die Verlängerung seines Armes zu sein scheint. Mit konzentriertem Blick sitzt der Mann mit dem Lockenkopf tief gebeugt über einem Stück Pergamentpapier und schreibt mit ruhiger Hand einen zwanzig Zentimeter langen, kunstvollen Schnörkel. »Schreiben ist keine Sache des Intellekts«, sagt der Schönschreiber aus Basel, der seine Werkstatt direkt am Rhein in einem romantischen Fachwerkhaus aus dem Jahre 1437 untergebracht hat. »Es ist eine Sache des Inneren eines Menschen. Und wenn ich schreibe, vergesse ich mich völlig. Schreiben wird zur Meditation, zu einer Art Trancezustand.«

Direkt am Rhein zelebriert Andreas Schenk in seiner Werkstatt in einem über fünfhundert Jahre alten Fachwerkhaus die Kunst des schönen Schreibens. Wer ihn besucht, wird eingeführt in die Welt der Schriften, deren genaue Anzahl auch er nicht kennt.

Wer die Werkstatt von Andreas Schenk betritt, glaubt, das 20. Jahrhundert verlassen zu haben. Kristalltintengefäße stehen in langer Reihe auf der hölzernen Tischplatte, unzählige Gänsekiele stecken gebündelt in einem alten Glas, Reißfedern, Linierrädchen, Falzbein, Polierstein, Schere, Messer und Zirkel liegen griffbereit.

Andreas Schenk hat sein Metier mit unendlich viel Geduld und Ausdauer erlernt. Als Kalligraph ist er Autodidakt. »Die wichtigste Qualität, die ein Schönschreiber braucht, ist ein großes Durchhaltevermögen, denn man muß üben, üben und nochmals üben.« Der gelernte technische Zeichner hat schon als Kind die Titelseiten seiner Schulbücher verschönert. Heute schreibt Schenk als einziger öffentlich bestellter Kalligraph in der Schweiz Texte für Urkunden und Diplome, Stadtbücher und Zunftchroniken, er entwirft Stammbäume und verfaßt selbst auch schon einmal weniger umfangreiche Bücher. »Da habe ich zum Beispiel ein dünnes Bändchen über die Reinigung von Bergkristallen nach Art der Indianer geschrieben«, erzählt der Basler, »und hierbei eine Schriftmischung aus einer Variation der Antiqua und der Schrift der Cherokesen verwendet.«

Niemand weiß, wie viele Schriftarten sich im Laufe der Zeit entwickelt haben. »Jedes Kloster hat seine eigenen Schriftvariationen gepflegt«, gibt Schenk sachkundig Auskunft. Seine persönlichen Schriftfavoriten kann er

In dieser Werkstatt scheint die Zeit stillzustehen. Stille und Konzentration braucht der Kalligraph auch, um »in einer Art Trancezustand« die Urkunden und Dokumente seiner Auftraggeber zu beschriften.

ohne Zögern aufzählen: »Im täglichen Gebrauch habe ich etwa sechs bis sieben Schriften: zwei Varianten der Antiqua, die Unziale, Variationen der Fraktur und sowohl römische als auch englische Kursivschriften.« Er wählt den Schrifttypus immer nach dem Inhalt des Textes aus, wobei es Arten gebe, so Schenk, die sich für Bücher weniger eignen. Zur Kunst des Schreibens gehöre die Kunst des Sehens: »Als Kalligraph muß ich einen Text vor meinem geistigen Auge auf dem Papier sehen, um die geeignete Form zu finden. Wir Schönschreiber sollten so wenig wie möglich dem Zufall überlassen, und daher muß man, wenn man einen schlechten Tag hat, die Arbeit weglegen und auf den nächsten Morgen verschieben.«

Für Andreas Schenk muß ein Buch rundherum stimmig sein, damit er zufrieden ist. Es überrascht nicht, daß der Freund von Aphorismen lieber schöne bibliophile Ausgaben als einfache Taschenbücher zur Hand nimmt. Im Zentrum seines Interesses stehe die schöne Schrift »und mit ihr die Zusammenhänge zwischen Tinte, Papier und Federn«, erklärt er. »Schließlich hat sich eine Schrift auch durch die verschiedenartigen Werkzeuge entwickelt.« So werden in der Basler Schreibstube die Kiele oft selbst zugeschnitten, die Tinte wird selbst gebraut, und die Federn werden aus alten Beständen aufgekauft, »denn die heutigen Federn sind unbrauchbar«, sagt Andreas Schenk aus Überzeugung.

Zu dem wohlgeordneten Werkzeugsortiment
gehören spezielle Tintenmischungen,
selbst zugeschnittene Federkiele, Stempel
und Holzwinkel.

Tomás Graves, Buchdrucker, Deià de Mallorca

Diese Doppelseite: In die Fußstapfen seines Vaters, des bekannten englischen Schriftstellers und Buchdruckers Robert Graves, ist auch Sohn Tomás getreten. Die alte Druckmaschine (rechts) fand der spanisch-englische Doppelstaatler auf Mallorca.

In einem mehr als hundert Jahre alten, weiß getünchten Steinhaus, das einst einen kleinen Laden und ein Kaffeehaus beherbergte, hat Tomás Graves eine Handdruckerei eingerichtet. Das Haus steht auf einem Hügel und gehört zum Dreihundert-Seelen-Dorf Deià auf der Insel Mallorca. Der sympathische Buchdrucker übt sein Metier mit ganzer Leidenschaft aus. »Diese Art Buchdruck ist zwar nicht perfekt, dafür hat sie aber viel mehr Charakter, mehr Tiefe und auch viel mehr Stil«, erklärt er. »Der moderne Offsetdruck basiert auf einem chemischen Prozeß, während meine Arbeit, der handwerkliche Buchdruck, mit physischer Kraft verbunden ist – das gefällt mir sehr gut.« Diese Freude am Handwerklichen ist in der kleinen Werkstatt zu spüren.

Tomás Graves verbindet Tradition und Moderne auf seine Art. Bevorzugt er in der Technik das Altbewährte, so liebt er im Druck zwar klassische Formen, aber auch einfache, klare Linien. »Natürlich gibt es die alten wunderschön verschnörkelten Lettern«, meint er, »doch das ist nicht meine Welt. Mir gefallen moderne, aber doch elegant gedruckte Bücher, keine verspielten Schriften.« Nach einer Pause fährt er fort: »Wie gesagt, der Handpressendruck hat mehr Charakter als der Offsetdruck. Das kommt daher, daß es zu einem direkten Kontakt zwischen den Lettern und dem Papier kommt, man könnte fast sagen, das Zeichen »beißt« sich durch den starken Druck ins Papier hinein. Dadurch entsteht dieser einmalige dreidimensionale Effekt, den auch Büchersammler so sehr lieben.« Tomás Graves ist überzeugt: »Mit dem modernen Offsetdruck und meinem alten Handwerk ist es wie mit den heutigen CDs und den früheren Schallplatten – die einen werden mit Laser abgespielt und klingen perfekt, sind aber ohne Tiefe; die anderen werden mit Hilfe einer Nadel zum Klingen gebracht, sind keinesfalls perfekt, haben aber dafür viel mehr Dynamik, Eigenleben und Aussagekraft!«

»Ich habe 1981 alte Druckmaschinen gekauft und in meinem Haus installiert«, erinnert sich der Buchdrucker, der sein Handwerk in England erlernt hat. »Obwohl schon mein Vater Robert Graves in London im Jahre 1927 eine

Druckerei gründete und zwei Jahre später damit hier auf die Insel Mallorca ausgewandert ist, mußte ich neu beginnen, denn die Maschinen meines Vaters waren mittlerweile verkauft.« Das Haus war noch da, und er hat es vom Vater geerbt. Tomás Graves war noch keine dreißig Jahre alt, als die *New Seizin Press* in dieser urigen Werkstatt aus der Taufe gehoben wurde.

Tomás und seine Frau Carmen, eine Buchbinderin, etablierten sich schnell: »Mit unseren herrlichen alten Maschinen haben wir unter anderem die Bücher *Eleven Songs*, *On Monday* und *Life of the Poet Gnaeus Robertulus Gravesa* von Hand gedruckt«, erzählt der Unternehmer bewegt. Weniger euphorisch fügt er hinzu, daß dies zwar die positive Seite seiner Arbeit sei, daß damit jedoch kein großes Geschäft zu machen sei. Da der Engländer mit dem spanischen Paß eine Familie zu ernähren hatte, wandte er sich noch anderen Gebieten zu: der Musik, dem graphischen Design und dem Journalismus. So gehört das Gitarrespielen neben dem Buchdruck zu Tomás' frühen Leidenschaften, und schon im Alter von elf Jahren hatte er Erfolg mit diesen beiden für sein Leben entscheidenden Talenten: »Heute verdiene ich mir mein Geld mit beidem«, sagt der Mann, der zum einen 1995 den Buchdrucker-Meistertitel von der spanischen Regierung verliehen bekam und zum anderen als begehrter Gitarrist weit über hundert Konzerte in Spanien und Frankreich gegeben hat.

Auch als Autor versucht er sein Glück – *A Home in Mallorca*, ein Werk, das sich intensiv mit den Traditionen der Insel befaßt, erschien in seinem Verlag. Er möchte einen wesentlichen Beitrag leisten, um »seine« Insel in ihrer schönen ursprünglichen Wildheit zu erhalten. Aus diesem Grund hat er auch an seinem alten Haus baulich nur sehr wenig verändert.

Die besondere Liebe zum Handpressendruck zeigt sich in der Werkstatt von Tomás Graves in der großen Auswahl von Lettern, die er in alten Setzkästen für den Druck aufbewahrt.

Peter Kerssemakers, Antiquar, Amsterdam

In Amsterdam gibt es die unterschiedlichsten Antiquariate: dunkle kleine Läden, in denen man sich an hohen wackeligen Bücherstapeln vorbeiwinden muß; helle große Geschäfte, die sich nicht sehr von normalen Buchläden unterscheiden; Antiquariate zu bestimmten Themenbereichen; elegante feine Geschäfte, in denen die kostbarsten Stücke auf Samtkissen im Schaufenster präsentiert werden, und solche, die auf der Straße in unzähligen Kisten mehr Ware anbieten als im Ladeninneren. Eines ist allen diesen Bücherfundgruben gemein: Das, was die Besitzer selbst am meisten interessiert, bestimmt ihr Angebot. So wie eine private Bibliothek die Seele ihres Besitzers offenbaren kann, geben auch die Bücher in den Antiquariaten Aufschluß über die Interessen ihrer Eigentümer. Bibliophil sind sie alle, manche kann man sicher sogar biblioman nennen.

An der Leliegracht mitten im Herzen der Stadt zu flanieren, in die verschiedenen Antiquariate hineinzuschauen und ein wenig zu stöbern, sollte sich kein Amsterdambesucher entgehen lassen. Das Haus Nummer 50 beherbergt den Book Traffic von Herb Lewitz, in dem auf seinem morgendlichen Bücherspaziergang regelmäßig der Schriftsteller Cees Nooteboom anzutreffen ist. Architekten und Designer sollten nicht am Haus Nummer 42 vorbeigehen. Eine riesengroße Auswahl an alten Bänden ihrer Fachrichtung wird hier bereitgehalten.

In einem schmalen Fachwerkhaus in der Leliegracht 36 direkt am Wasser bietet Peter Kerssemakers vor allem Bücher über das Mittelalter und die Renaissance an. Seit über zwanzig Jahren steht er in seinem kleinen Eckladen Hieronymus Bosch und freut sich, wenn er von seinen Kunden – Bücherfans jeder Altersstufe und Nationalität – lernen kann. Da ihm die Geschichte des Mittelalters und der Renaissance sehr am Herzen liegt, hat er viele seiner 10 000 Bände selbst gelesen. »Einen Fernseher besitze ich nicht«, erzählt der Holländer, »zu Hause lese ich und höre Musik – das ist doch herrlich und völlig ausreichend.« Und fast entschuldigend fügt er hinzu: »Schließlich ist das Mittelalter mein Hobby.«

Von außen und innen ein Schatzkästchen: In seinem Antiquariat Hieronymus Bosch in einem Amsterdamer Giebelhaus bietet Peter Kerssemakers Trouvailler zu den Themen Mittelalter und Renaissance an.

Lesen, lesen, lesen: Das Lesen als Passion liegt Peter Kerssemakers im Blut. Schon sein Vater übte den Beruf des Antiquars aus, und so wurde auch zu Hause stets über Bücher gesprochen.
Am liebsten unterhält sich der Holländer mit seinen Kunden, um sie zu beraten und »um von ihnen zu lernen«.

Schon Kerssemakers' Vater führte sein eigenes Antiquariat, und daher kennt der Sohn es gar nicht anders, als daß sich das Leben um Bücher dreht. Sein eigenes Geschäft hat er nach Hieronymus Bosch, dem faszinierenden und rätselhaften niederländischen Maler des späten 15. und frühen 16. Jahrhunderts, benannt. »Ich komme aus der Nähe von Brabant, wo er auch lebte«, erklärt der Antiquar, doch darin liegt sicher nur ein Grund.

Bücher kaufen und verkaufen ist ein Teil des Geschäfts. »Noch wichtiger ist die Beratung, das gemeinsame Diskutieren über ein Werk, auch Aufklärung gehört dazu, und natürlich das Lernen von meinen Kunden«, so die Überzeugung von Peter Kerssemakers. Im selben Moment wendet er sich mit ernstem Gesicht einem jungen Kunden zu, der sich für ein Buch in russischer Sprache über Ikonenmalerei interessiert. An Museen, an Wissenschaftler und an Sammler versendet der Antiquar jährlich fünf Kataloge mit jeweils rund fünfhundert Titeln seiner Bücher, »so daß meine Angebote auch in die äußersten Winkel dieser Erde gelangen.«

Über Bücherpreise redet Peter Kerssemakers wie die meisten Bibliophilen nur ungern: »Schreiben Sie: zwischen fünfzig und 5000 Gulden.« Genug Bücher kann der Mensch nach Ansicht des Antiquars nie besitzen. Er selbst hält sich bei deren Auswahl an den Philosophen Seneca, der meinte: »Man schaffe sich daher so viele Bücher an, als genug ist, aber keine des bloßen Prunks wegen.«

Cees Nooteboom, Schriftsteller, Amsterdam

»Lesen hält jung, das ist eine alte Weisheit; Lesen hält lebendig, das ist essentiell; und Lesen öffnet bekanntlich die Augen.« Bevor Cees Nooteboom etwas schreibt, das in fremden Ländern und Kulturen spielt, scheint er gerade den letzten Teil seiner Devise zu beherzigen: Er begibt sich in andere Regionen und Kulturkreise, lebt und arbeitet, liest viel über Land und Leute und versucht, ein Gefühl für die Besonderheiten der Kulturen zu bekommen – so geschehen für *Mokusei!*, die Liebesgeschichte mit dem japanischen Hintergrund, für den in Spanien spielenden Roman *Der Umweg nach Santiago* oder für sein neuestes Buch *Allerseelen*, in das Berliner Erfahrungen einflossen.

Weiß man von dieser Art der Recherche, so sind auch schon einige der Quellen entdeckt, aus denen die Bücherströme fließen, die die Regalwände in dem romantischen fünfstöckigen Giebelhaus von 1730 überschwemmen. Seit dreißig Jahren wohnen hier der vielgereiste Schriftsteller und seine Frau, die Fotografin Simone Sassen. »Ich kaufe, wo immer ich auf der Welt herumreise, Unmengen von Büchern und wundere mich dann, wenn nach einem Jahr zum Beispiel per Seepost Bücher aus Australien ankommen.« Sein urgemütliches Haus steht ganz in der Nähe einer Gracht mitten in Amsterdam. Beim Eintreten ist vor lauter Bücherwänden nicht gleich auszumachen, ob man sich im Wohn-, im Arbeits- oder im Schlafzimmer befindet; allein die Küche ist trotz der vielen Bücher unschwer als solche zu erkennen. Die überall herumliegenden Bücherberge lassen darauf schließen, daß hier richtig mit ihnen gearbeitet wird. »Gott sei Dank weiß ich nicht, wie viele Bücher ich besitze«, meint der holländische Autor, »sonst würde ich mich ja verrückt machen.« Trotzdem sagt er von sich: »Ich bin ein Bücherschreiber und kein Büchersammler.«

Mit diesem Satz führt er in sein persönliches Arbeits- und Lesereich unter dem Dach des Hauses. Das Giebelzimmer wirkt durch die Holzverstrebungen und Holzregale wie ein auf den Kopf gestellter Schiffsrumpf. »Unsere Putzfrau weigert sich, hier hinaufzukommen, das ist ihr zu viel«, erklärt Cees

Oben: Cees Nooteboom kann an keinem Antiquariat vorbeigehen, ohne wenigstens schnell einen Blick hineinzuwerfen. Folgende Doppelseite: In jedem Zimmer seines Hauses stehen und liegen eine noch nie gezählte Menge von Büchern.

Bis unter den letzten Giebel reichen die Bücherregale im Hause Nooteboom. Die Literatur in diesem Raum ist unter anderem dem Reisen, fernen Ländern und fremden Völkern gewidmet.

Nooteboom nach dem Aufstieg über eine steile Treppe in diese Bücherkemenate. An den beiden Schreibtischen entwickelt und verfaßt er einen Teil seiner Werke: An dem kleinen brütet er Gedanken aus, macht Notizen und entspannt sich zwischendurch; an dem großen schreibt er.

Unten im Salon kommt Nooteboom freimütig auf seine Sammelleidenschaft zurück. Vor über fünfzehn Jahren, als er auf einer Buchmesse den wunderschönen Band *The Natural History of British Shells* von Edward Donovan aus dem Jahre 1804 entdeckte, erwachte seine Vorliebe für Muscheln. »In diesem Buch stecken Hunderte von handaquarellierten Muschelstichen«, erzählt er beim Durchblättern begeistert, »und diese Muscheln haben mich schon immer fasziniert. In einem Gedicht heißt es: ›Geschlossen wie ein Stein, offen wie eine Muschel.‹«

Von den meisten der unzähligen Muschelbücher, die dem einen folgten, hat sich der Schriftsteller inzwischen wieder getrennt. »Die Muschelbücher wurden zu einer Art Obsession«, erinnert er sich, »ich war ständig auf der Suche nach einem neuen Buch. Mir wurde das Ganze irgendwie unheimlich – ich wurde zum getriebenen Menschen.« Vor einer möglichen zweiten Obsession hat ihn auf besagter Messe ein unbekannter Sammler bewahrt. Als der sah, daß Nooteboom das Muschel- *und* ein Schlangenbuch unter dem Arm hatte, tippte er ihm von hinten auf die Schulter. Er mache gerade einen Fehler, er müsse sich entscheiden, die Muscheln *oder* Schlangen, sicher nicht beides. Nooteboom entschied sich für die Muscheln.

Mit einem Anflug von Nostalgie präsentiert er die verbliebenen prachtvollen Bände, die heute mit Werken von Talleyrand, Plutarch, Voltaire und mit vielen Erstdrucken des holländischen Dichters Jan Jacob Slauerhoff zusammenstehen. Daneben ist ein ganzes Fach dem russischen Schriftsteller Vladimir Nabokov gewidmet. Cees Nooteboom greift aus dieser Reihe einen Erstdruck von *Lolita* heraus, der ihm ganz besondere Freude macht. Und weil ihm ausgefallene Wortfolgen großen Spaß bereiten, hat der tiefsinnige Autor das *Woordenboek der Nederlandsche Taal* vollständig bei sich zu Hause stehen. »Das ist ein Wörterbuch, dessen erster Band 1888 erschien, und erst kürzlich sind wir bei Z angelangt. In diesen alten Bänden herumzustöbern, ist herrlich, denn immer wieder stößt man auf Worte, die heute gar nicht mehr gebräuchlich sind, die aber genau das ausdrücken, was man sagen möchte.«

Zum Umgang mit Büchern gibt der Kenner eine Erkenntnis lächelnd mit auf den Weg: »Man darf nicht glauben, daß man mit dem Kauf eines Buches auch gleich den Inhalt ins Gehirn bekommt – das ist bekanntlich ein trügerischer Irrtum.«

Oben: Ein altes Pult aus einem Klassenzimmer dient dem Schriftsteller als Unterlage, wenn er in schnurgerader Schrift in seine Notizbücher schreibt. Unten: Die Welt der Muscheln faszinierte Cees Nooteboom über lange Jahre hinweg in einer Weise, daß diese Leidenschaft fast zur »Obsession« wurde. Inzwischen sind die meisten Muschelbücher wieder verkauft, von der Natural History of British Shells von Edward Donovan würde er sich aber nie trennen.

Volker Kühn, Autor und Regisseur, Berlin

Daß sich Bücher gerne selbst ansammeln, beweist die neu eingerichtete Bibliothek des Berliners Volker Kühn. Seine Lösung: Ein Leben mit Büchern nach einem chaotischen Ordnungsprinzip, in welchem nur er sich auskennt.

Auf die Frage, was ihm Bücher bedeuten, antwortet Volker Kühn, wie es ein Satiriker und Kabarettexter erwarten läßt: »Einiges, viel, sehr viel. Sie können das Nichtgewünschte streichen.« Der Mann, der 1973 zusammen mit Dieter Hildebrandt die Fernsehsendung *Notizen aus der Provinz* ins Leben rief und der die Filmsatiren *Die halbe Eva*, *Euer Clown kann ich nicht sein*, *Hochkant* und *Der Eremit* geschrieben und inszeniert hat, lebt mit seinen Büchern »nach einem chaotischen Ordnungsprinzip«. Chaos und Ordnung – ein Widerspruch in sich? Nicht bei Volker Kühn.

Der Autor, Songtexter und Regisseur sitzt auf Bananenkartons. Nein, das ist nicht seine persönliche Note. Er ist gerade umgezogen, und in der neuen Wohnung hat noch nicht alles seinen Platz gefunden. Zwar stehen die Bücher mittlerweile in allen Zimmern auf den Regalbrettern verteilt, über ihre Anzahl kann Volker Kühn jedoch keine Auskunft geben. Das interessiert ihn auch gar nicht. »Da müßte ich sie ja zählen«, meint der Theaterautor, dessen Stücke in ganz Deutschland gespielt werden, »aber das Wichtigste ist darunter. Das Allerwichtigste liegt in Griffnähe auf meinem Schreibtisch oder auf diversen Ablagen, im Hausflur, in der Küche und neben dem Bett.« Was er ganz sicher nicht mache, sei Bücher zu sammeln, »denn ich habe die Erfahrung gemacht, daß die sich so oder so von selbst sammeln.«

Wie andere passionierte Leser auch, verbindet Volker Kühn besondere Begebenheiten und wichtige Begegnungen mit vielen seiner Bücher. Kurt Tucholskys *Gruß nach vorn* zum Beispiel war das erste Buch, das er sich vom eigenen Taschengeld gekauft hat. Er las sich gleich fest: »Ich nahm es zu meinem ersten Rendezvous mit und vergaß darüber die Hauptsache!«

Kühn, der mit *Bankers Opera* am Düsseldorfer Schauspielhaus erfolgreich war und dessen *Marlene* in Berlin ein Bühnenhit wurde, liest ständig. »Ich lese jederzeit. Überall. Wann und wo auch immer: morgens, mittags, abends, nachts. In überdachten Räumen und im Freien. In Bus und Bahn, im Auto und im Flieger.« Auf die Frage, wen er gern einmal in seiner Bibliothek begrüßen würde, antwortet er prompt: »Einen Analphabeten.«

Siegfried Schmidt-Joos und Kathrin Brigl, Autoren, Berlin

Bücher, Blätter, bunte Blumen: In ihrem Arbeitszimmer hat Kathrin Brigl aus Literatur, handgeschriebenen Notizen und Erinnerungsstücken ein Stillleben kreiert.

Seine Lieblingsmusiker sind alle textlastig: Bob Dylan, John Lennon, Alexis Korner, Cole Porter, George & Ira Gershwin und Stephen Sondheim. Der Autor, Musical-, Rock- und Jazzspezialist Siegfried Schmidt-Joos teilt mit diesen Komponisten und Sängern die Liebe zur Musik und zum geschriebenen Wort.

Mit 40 000 Schallplatten und einer Unmenge von Büchern zogen Schmidt-Joos und seine Frau, Kathrin Brigl, vor zwanzig Jahren nach Berlin. »Von der Hälfte der LPs haben wir uns mittlerweile getrennt«, erzählt der Mann, dessen umfangreiches *neues rocklexikon* fast eine halbe Million mal verkauft wurde. »Es macht wenig Sinn, eine Platte zu behalten, die man zwanzig Jahre nicht mehr gehört hat. Platten von Künstlern hingegen, mit denen mich eine besondere Beziehung verbindet, die würde ich nie weggeben.« Trotz seiner riesengroßen Plattenkollektion sei er aber kein Sammler mit Anspruch auf Vollständigkeit, betont der Musikjournalist. Allerdings sind die in den USA veröffentlichten Musical-LPs fast vollzählig bei ihm zu finden. »Alles über das Musiktheater, den Broadway, die US-Popmusik, Rock, Jazz, Blues, Gospelmusik und die beruflichen Karrieren vieler Liedermacher — das macht meine große Arbeitsbibliothek hier in Berlin aus«, erklärt Sigi Schmidt-Joos mit Blick auf die Bücherberge. »Die Belletristik steht in unserem Haus auf Ibiza.«

Auf ihren vielen Reisen landen der Musikkenner und seine Frau stets in »ihren« Spezialbuchhandlungen. »Es sind magische Räume«, erklärt Schmidt-Joos, »die uns unwiderstehlich anziehen. Wir verlieren uns dort in den Büchern und finden nur schwer in die Realität zurück. Ob Kiepert in der Hardenbergstraße in Berlin, Barnes & Noble am Lincoln Center in New York, das Libro Azul auf Ibiza, ob das Antiquariat Fishermen's Bookshop an der New Yorker 47th oder das Drama Bookshop an der Seventh Avenue — »wir verlassen die Geschäfte fast immer mit einem Buch.«

Während Siegfried Schmidt-Joos alle Werke von seinem nach eigenen Bekunden »journalistischen Lehrmeister« Arthur Koestler besitzt und immer

Der Musik hat der Rock- und Jazz-spezialist Siegfried Schmidt-Joos eine Ecke im Salon gewidmet. Viele der Musiker, denen die zahlreichen Monographien in den Regalen gewidmet sind, sind Freunde von ihm – wie Tony Bennett.

wieder liest, hat sich Ehefrau Kathrin Brigl Kurt Tucholsky verschrieben. »Dieser Mann ist mein Lehrer und Seelengefährte. Sein Humor, sein Talent, seine Melancholie, seine ironische Intelligenz, so voller Menschenwärme, dies alles hat mich sehr berührt.« Die Schriftstellerin, Songtexterin und Moderatorin geht in ihrer Ode an das Buch noch einen Schritt weiter: »Bücher haben mir mein ganzes Leben lang alles bedeutet. Ja, ich behaupte sogar, daß mein ganzes Leben ein großes Buch ist, in dem ich von Seite zu Seite – neugierig und aufgeregt – der Weiterentwicklung meiner eigenen Story folge.«

Als Kathrin Brigl 1976 ihr erstes Buch schrieb, den Roman *Nur ein bißchen Zärtlichkeit*, machte die Berlinerin eine seltsame Entdeckung: »Ich erfand Figuren, von denen ich selbstverständlich annahm, daß sie auf mein Kommando hören, ihre Entwicklung meiner Phantasievorstellung folgt. Mitnichten. Die Romanfiguren machten sich selbständig und weigerten sich, bestimmte Dialoge zu führen und bestimmte Handlungen zu vollziehen. Sie waren lebendig und eigenständig geworden.«

Das Musikzimmer ist fast eine Hommage an die Langspielplatte. Ein Teil der einst 40 000 LPs schmückt eine ganze Wand. Kathrin Brigl und Siegfried Schmidt-Joos posieren neben einem indischen Stuhl, der mit Tamburins behängt ist.

Maren Sell, Schriftstellerin und Verlegerin, Paris

Im Herzen von Paris, nahe der Seine, in einem Haus, in dem in den 1940er Jahren der Maler Max Ernst wohnte, hat sich Maren Sell zusammen mit ihrer Familie ein wunderbares Ambiente geschaffen. Der mittlere Salon beheimatet ihre Bibliothek. Hohe Bücherwände geben dem pastellfarbenen Raum seinen Charakter. Dickwattierte Seidenvorhänge mit antiken Bordüren sind zur Seite geschoben, Rollos verdecken die oberen Fensterpartien. Der hohe große Raum ist in helles Licht getaucht. Aufgeschichtete Bücherberge auf einer Ablage, ungeordnet oder noch verpackt, verraten, daß hier viel gelesen wird.

Maren Sell ist Schriftstellerin und Verlegerin und hat ihre vielen Tausend Bücher nach einem eigenen System geordnet: »Links neben der Tür die deutsche klassische Literatur, philosophische Werke und Essays, in der Mitte die Werke, die ich am liebsten mag – englische, französische, holländische, schwedische und auch osteuropäische Autoren –, rechts stehen nur Bücher in französischer Sprache. Und auf der Ablage liegen alle Bücher, die es noch zu bearbeiten gilt, in die ich hineinlesen muß, die ich vielleicht aber auch verschenke.«

Schon als junges Mädchen hat die spätere Autorin sehr ausgesucht gelesen. Während ihre Klassenkameraden in Flensburg, ihrer Geburtsstadt, Kriminalromane verschlangen, war sie von Kafka, Rilke und Hugo von Hofmannsthal begeistert und hat sich mit Camus, Sartre und Montaigne auseinandergesetzt. Während des Studiums der Romanistik und Germanistik im süddeutschen Freiburg schloß sie sich der Studentenbewegung an und siedelte im Mai 1968 nach Paris über. »Auch dort engagierte ich mich politisch und traf mit Jean-Luc Godard, Jean-Paul Sartre und Roland Barthes zusammen. Über letzteren schrieb ich dann meine Dissertation«, erinnert sich die vielseitige Autorin, »und ich war dabei, als die Zeitung *Libération* gegründet wurde, bei der ich bis 1975 mitwirkte – das waren Zeiten, die waren einmalig!« Schon als Studentin kämpfte sie intensiv für die Rechte der Frauen und führte später in der *Libération* eine Seite von Frauen für Frauen ein.

Oben: Maren Sell lebt in einer großzügigen Pariser Wohnung, in der Bücher die Hauptrolle spielen.
Rechts: Im gelben Salon kombiniert die Schriftstellerin ihre Bücher, die nach Sprachen und Ländern sortiert sind, mit gemütlichen Sesseln, vielen Bildern und Erinnerungsstücken aus Asien.

Zu jener Zeit begegnete Maren Sell einer für ihr Leben wegweisenden Persönlichkeit: Hélène Cixous, die an der Pariser Universität das Département d'études féminines leitete. Von ihr bekam sie den Anstoß, die Geschichte ihrer Jugend aufzuschreiben. So erschien 1978 Maren Sells erster Roman unter dem Titel *Mourir d'absence*. »Ich habe darin beschrieben, was es heißt, 1945 als Deutsche geboren zu sein, welche Schwierigkeiten meine Generation hat, mit der Vergangenheit fertig zu werden, und warum ich schlußendlich das Exil gewählt habe.« Es ist ein politisch-poetisches, in französischer Sprache geschriebenes Buch, »da ich damals zehn Jahre lang nur französisch sprach.«

Oben: Schlicht und funktional ist das Arbeitszimmer der Autorin. Hier möchte Maren Sell ungestört schreiben können.
Links: In den Regalen dieses hohen schmalen Flurs stehen und liegen großformatige Kunstbücher. Der Paravent (rechts) stammt aus dem späten 19. Jahrhundert.
Im Hintergrund ist der formellere Salon mit dem Flügel zu erkennen.

Als Mitglied der politisch-journalistischen und intellektuellen Szene traf Maren Sell mit vielen Schriftstellern zusammen. 1980 hat sie den Verlag Lieu Commun mitgegründet und sechs Jahre später ihren eigenen Verlag, die Maren Sell Edition, ins Leben gerufen. »*Un éditeur européen* war unser erster Slogan«, erzählt die Verlegerin, »*découvrir l'europe des écrivains* – wir schufen eine kleine europäische Bibliothek des 20. Jahrhunderts in französischer Sprache.« Für ihr Engagement wurde Maren Sell 1995 als eine der »Frauen für Europa« ausgezeichnet, eine besondere Ehrung, die alljährlich einer herausragenden weiblichen Persönlichkeit zuerkannt wird. Der Jury gehören Journalisten und Parlamentarier an.

Mittlerweile hat die Mutter dreier Kinder – der tibetische Junge Kunga ist adoptiert – ihren Verlag an die Editions Calmann-Lévy verkauft und arbeitet sowohl als Lektorin als auch als Schriftstellerin. »Ich sehe mich als Vermittlerin zwischen der deutschen und der französischen Kultur«, erklärt Maren, deren dritter Roman, *Der letzte Liebhaber*, in fünf Sprachen übersetzt wurde. Zu Büchern hat die Fachfrau nach wie vor ein komplexes Verhältnis: »Als ehemalige Verlegerin sehe ich im Buch einmal das physische Objekt, für das ich Papier, Schriftmuster und Illustrationen auszuwählen habe. Ich sehe mich selbst aber auch als eine Art ›Gebärmutter‹, die neue Schriftsteller und ihre Werke hervorbringt und damit dem Buch als solchem Leben schenkt. Außerdem bin ich stets auf Harmonie zwischen Form und Inhalt bedacht.« In ihrem Zuhause, und nicht nur in der Bibliothek, ist diese Harmonie von Form und Inhalt allgegenwärtig.

Mário Soares, Politiker und Autor, Lissabon

Auf der schmalen Ablage des Bücherregals hinter dem exquisiten antiken Schreibtisch stehen silberne Bilderrahmen mit Fotos von Altbundeskanzler Helmut Kohl, dem verstorbenen SPD-Politiker und Vorsitzenden der Sozialistischen Internationale Willy Brandt, dem spanischen Königspaar Juan Carlos und Sophia und Palestinänserführer Yasir Arafat – alle versehen mit handgeschriebenen persönlichen Widmungen. An der braunen Holzwand hängt eine Zeichnung von Picasso, gegenüber das farbenfrohe Gemälde eines brasilianischen Künstlers. Wir befinden uns im dritten Stock eines umgebauten alten portugiesischen Stadthauses in Lissabon und warten in seinem Arbeitszimmer auf Mário Soares, den ehemaligen Präsidenten der Republik Portugal.

Doch Mário Soares empfängt uns nicht in politischer Funktion, sondern in seiner »zweiten, mir ebenfalls ganz nahen Bestimmung«, wie er betont, »als Philosoph, als Literat, als Bibliophiler, als Archivar.« Der promovierte Historiker und Philosoph, der außerdem das Jurastudium an der Universität von Lissabon mit Diplom abschloß, ist ein wahrer Homme de lettres. Aufgewachsen in einem Elternhaus, in dem Literatur und Geschichte zu den Gesprächsthemen am Mittagstisch gehörten, fühlte sich der junge Mário schon sehr früh hingezogen zu der umfangreichen Bibliothek seines Vaters. »Mein Vater João war Professor der Geschichte und Geographie und ein großer Büchernarr«, erinnert er sich. »Ich fing bereits mit sechs Jahren an, in seiner Bibliothek alle Abenteuer- und Detektivgeschichten herauszusuchen und später, mit sechzehn Jahren, die portugiesische, russische, englische und spanische Literatur zu verschlingen.«

Hingebungsvoll und begeistert erzählt Mário Soares, hinter seinem eleganten Schreibtisch sitzend, von seiner Bücherwelt – in Französisch, seiner zweiten Sprache. Der große Mann spricht mit reicher Gestik und Mimik, vor allem mit den Augen. Die funkeln vor Enthusiasmus, wenn er von seinen rund 50 000 Büchern redet, die er in seinem Leben – viele davon in den zehn Jahren seiner Präsidentschaft von 1986 bis 1996 – gesammelt, gekauft

Mário Soares hat das moderne Portugal maßgebend mit aufgebaut. Sein Name steht für den Widerstand gegen die portugiesische Diktatur der 1940er bis 1960er Jahre. Er ist der Spiritus rector der sozialistischen Partei seines Landes, die er 1973 im Untergrund gegründet hat und der er dreizehn Jahre als Generalsekretär vorstand. Seit seiner Rückkehr aus dem französischen Exil am 25. April 1974, in das er 1970 verbannt wurde, bestimmt er die Politik Portugals wieder mit.

Mário Soares thront hinter einem großen Schreibtisch, umgeben von Büchern und Fotos, die ihm Persönlichkeiten aus aller Welt gewidmet haben.

und geschenkt bekommen hat. »Von berühmten Autoren bekam ich Werke mit ihren Signaturen, von vielen Politikern ihre gesammelten Ideen mit speziellen Widmungen«, fährt er im Eiltempo fort, »und nicht zu vergessen sind all die seltenen Bücher, die alten Pamphlete, die zerlesenen Erstausgaben, die ich noch heute in den Antiquariaten in der Stadt zusammensuche.«

Lissabon ist eine Metropole mit alteingesessenen, oft leicht angestaubten Buchhandlungen und Antiquariaten, in deren Bücherbergen und Kisten gestöbert und gewühlt werden darf. Dort fühlt sich der ehemalige Landesvater ausgesprochen wohl, denn das Sammeln von Papieren jeglicher Art ist ihm »ein ganz großes Bedürfnis, das ich einfach befriedigen muß.«

Das Haus, in dem der Politiker und Schriftsteller seine Büronachmittage verbringt, ist das Herz der Fundação Mário Soares, seiner 1991 gegründeten Stiftung, in der für Menschenrechte, für eine soziale Politik und für internationale Verständigung gekämpft wird. Soares führt uns durch das mehrstöckige Gebäude, sein besonderer Stolz aber gilt dem Archiv im Keller. »Es gibt kein Schriftstück, kein Dokument, keine Vereinbarung, keine Rechnung, keinen Brief, keine Quittung, kein Notizblatt, das ich im Laufe meines politischen Lebens dem Abfalleimer anvertraut hätte, jedes Stück habe ich behalten.« Über drei Millionen Unterlagen zählt das Archiv, alle elektronisch gespeichert. Offizielle Papiere, die für die Geschichte Portugals im 20. Jahrhundert von unschätzbarem Wert sind, sind hier ebenso gelagert wie private Schriftstücke sowie Video- und Fotosammlungen, die bekannte Widerstandskämpfer ihrem Freund überlassen haben – und eigene Publikationen: Mário Soares ist Mitglied der ehrwürdigen Schriftstellergesellschaft Portugals und hat seine unzähligen Artikel, Kommentare, Abhandlungen sowie die Reden, die er während seiner Präsidentschaft von 1986 bis 1996 gehalten hat, in den mehrbändigen *Intervenções* veröffentlicht. Überdies beherbergt der Keller den Großteil der wichtigsten Dokumente der kommunistischen Partei Portugals. Auf Mário Soares' sympathischem Antlitz breitet sich ein spitzbübisches Lächeln aus. »Dies entbehrt doch nicht einer gewissen Komik, oder?« fragt der über die Grenzen seines Landes hinaus berühmte Politiker, der zeit seines Lebens ein kritisches Verhältnis zum Kommunismus pflegte.

Stephen Calloway, Schriftsteller, Brighton

Selbstinszenierung hat einen Namen: Stephen Calloway. Dieses urenglische *stiff-upper-lip*-Gehabe, diese wilde Haarpracht, dieser perfekt gedrehte Schnurrbart, die runde Nickelbrille, das farbige Plastron unter dem steifen Kragen und die beeindruckende Siegelkette auf der Weste passen perfekt zu dem Gesamtkunstwerk, das Stephen Calloway am liebsten darstellt – einen englischen Dandy aus der Zeit der Jahrhundertwende. Der Schriftsteller, der fünfzehn kulturhistorische Bildbände und Bücher über die Kulturgeschichte des Geschmacks sowie über Einrichtungsstile und exotische Sammelgebiete geschrieben hat, bevorzugt eine ganz besondere Zeit: die 1890er Jahre.

Alles, was sich in den Jahren vor der Jahrhundertwende rund um den Erdball abgespielt hat, zieht den Kulturhistoriker und Kurator des Londoner Victoria & Albert Museum in seinen Bann. Stephen Calloway sammelt Belletristik und illustrierte Bücher aus dieser Zeit. Seine Vorliebe gilt den »illustrierten« Büchern, denn, so Calloway: »Schon Alice im Wunderland meinte: ›Was nützt ein Buch ohne Bilder und ohne Zwiegespräche?‹«

So hat der leidenschaftliche Verfechter von Ästhetik und Stil dem jung verstorbenen Schriftsteller und Buchillustrator Aubrey Beardsley, der eine der führenden Gestalten der englischen L'art-pour-l'art-Bewegung war, sein jüngstes Werk gewidmet. Themen in Calloways Büchersammlung sind die Präraffaeliten – eine 1848 gegründete Künstlervereinigung, die an die italienischen Maler vor Raffael anknüpfen wollte –, die Kunst des guten Geschmacks sowie die exzentrischsten Sammler dieser Welt. Während der Büchernarr, der »gar nie, wirklich gar nie, an einem Buchladen vorbeigehen kann, ohne hineinzuschauen«, von seinem Lieblingsthema spricht, zupft er unentwegt an seinem Schnurrbart und zeigt auf die unzähligen Bücherregale, die seine zigtausend Bücher und seine Schachteln voller alter Medaillons, Zeichnungen und Statuetten tragen. Ohne Bücher könne er nicht leben, betont Calloway. »Sie sind gleichzeitig meine Nachschlagewerke für alles, was ich ohne Nachzuschauen nicht mehr weiß.« Doch nicht nur lesen will der

»Forschen« und »sammeln« sind für Stephen Calloway magische Wörter. Bis der Autor ein neues Werk beendet hat, sammelt er jahrelang die nötige Literatur, die er dann, nach Sachgebieten geordnet, wie hier auf einem langen Tisch immer griffbereit aufbewahrt.

Bücher, die über den Schlaf wachen, sind in diesem gemütlich eingerichteten master bedroom neben einem kleinen Kamin untergebracht.

kulturbeflissene Schriftsteller seine Bücher, er will sie auch anschauen. »Viele Bücher kaufe ich einfach nur ihres einmaligen, wunderbaren Einbandes wegen, oder weil sie so schön prächtig und aufwendig gedruckt sind«, fährt er leidenschaftlich fort, »oder weil sie in eines meiner Sammelgebiete passen – in das der Dandys zum Beispiel.«

Mit »Modenarr« und »Geck« umschreibt der deutsche Brockhaus den englischen Dandy. Doch darüber kann Stephen Calloway nur lächeln. Für ihn, die moderne Verkörperung des Dandy der 90er Jahre des 19. Jahrhunderts, ist ein Dandy viel mehr. Er ist eine Mischung aus Esprit und Allüren, d.h. eine Mischung aus Geist, Witz, Sensibilität und vollkommenem Benehmen. Die angelsächsischen Dichter des Schönheitskultes, der Gesellschaftskritik und der ästhetisch-emotionalen Weltanschauung wie Oscar Wilde, Lord George Byron, Dante Gabriel Rossetti, Sir Max Beerbohm oder Horace Walpole gehören zu den Literaten, denen Stephen Calloway gerne persönlich begegnet wäre und mit denen er sich einen Gedankenaustausch wünschte. Am allerliebsten aber hätte er Leonard Smithers getroffen, »den faszinierenden und skurrilen Verleger von Oscar Wilde und Aubrey Beardsley«.

Aus der Antike liegt Calloway besonders der römische Schriftsteller Petronius Arbiter am Herzen, der am Hofe Neros eine große Rolle spielte, denn Petronius galt als Meister der Kunst feinsten Lebensgenusses.

Skurril und dandyhaft: Der englische Autor Stephen Calloway hat sich – auch mit seiner Büchersammlung – der Zeit um 1890 verschrieben. Sein Arbeitszimmer gleicht mit seinen Schätzen einem eklektischen antique shop, in dem aber auch Objekte aus dem 18. Jahrhundert zu bewundern sind.

Daniel Keel, Diogenes Verlag, Zürich

Der Bilderrahmen auf Daniel Keels Schreibtisch im Zürcher Verlagshaus enthält kein Familienfoto, sondern nur die drei Worte *read my books*. Das beherzigt er auch selbst, denn das Lesen ist seine Hauptbeschäftigung. Seine Funktion als Verleger beschreibt er als »Mädchen für alles«, eine Kombination aus Amme und Butler, »ein etwas abenteuerlicher Butler, der gleichzeitig mehreren Damen und Herren dient, meistens Damen und Herren ohne Geld, für die ich bei wieder anderen Abenteurern – zum Beispiel bei Bankiers – Geld pumpe, um Bücher machen zu können, die hoffentlich auch anderen Leuten gefallen.«

Daniel Keel ist Chef des Diogenes Verlages. Sein Leitsatz »Jede Art zu schreiben ist erlaubt – nur die langweilige nicht!« stammt übrigens nicht von ihm, sondern von Voltaire, aber er bescherte ihm bereits siebenundvierzig erfolgreiche Jahre mit 4600 verlegten Büchern. Die Backlist umfaßt 1700 Buchtitel, darunter ins Deutsche übertragene Werke internationaler Bestsellerautoren wie Patricia Highsmith, Eric Ambler, John Irving, Susanna Tamaro, Donna Leon, oder Romane deutschsprachiger Schriftsteller wie Alfred Andersch, Friedrich Dürrenmatt, Bernhard Schlink, Erich Hackl, Ingrid Noll, Sibylle Mulot, Doris Dörrie und Patrick Süskind.

Sein Leben als Verleger läßt Keel wenig Zeit für andere Dinge als das Lesen. »Ich lese auch viele Bücher, die ich dann nicht verlege. Ich lese nachts, am Wochenende oder in meinen sogenannten Ferien.« Viel Zeit braucht er für seine Autoren, und manchmal auch für das Verwöhnen seiner Crew. Doch das zahlt sich aus: Federico Fellini, Georges Simenon und Slawomir Mrożek hat er an sich gebunden, und für Woody Allens Drehbücher besitzt Diogenes die europäischen Exklusivrechte. Daniel Keel behauptet von sich, absolut nicht schreiben zu können – »nur lesen«. Damit auch in Zukunft nicht zuletzt die Befriedigung seiner eigenen Lesefreude gewährleistet ist, hat sich der Verleger etwas Besonderes einfallen lassen: »Für fünf Mark Weltliteratur im Hosentaschenformat in den neuen *Kleinen Diogenes Taschenbüchern* in einer Gesamtauflage von 2,8 Millionen Stück – nicht schlecht, oder?«

Daniel Keel bei der Arbeit: Der Chef des Zürcher Verlages Diogenes konnte eine Reihe der bekanntesten Autoren an sein Haus binden, darunter Patrick Süskind, dessen Roman Das Parfum in über dreißig Sprachen erschien. Allein die deutsche Auflage hat sich 2,5 Millionen mal verkauft.

Inge Feltrinelli, Giangiacomo Feltrinelli Editore, Mailand

Bücher bedeuten mir alles, ohne sie könnte ich nicht sein, sie sind meine ständigen Wegbegleiter.« Inge Feltrinelli weiß, wovon sie spricht. Seit ihrer Jugend und mehr noch seit 1958, als sie ihren späteren Ehemann, den italienischen Verleger Giangiacomo Feltrinelli, kennenlernte, hat sich die gebürtige Deutsche dem Buch verschrieben. »Bücher bestimmen das Ambiente in allen meinen Lebensräumen – im Büro, im Studio, in meinem Wohnzimmer, im Schlafzimmer. Es gibt bei mir keine einzige Wand ohne Bücherregal.«

Die erfolgreiche Frau, die seit dem Tode ihres Mannes 1972 Präsidentin des großen Mailänder Verlagshauses sowie der fünfunddreißig gleichnamigen Buchhandlungen in ganz Italien ist, zählt so manchen Autor zu ihren engen Freunden: »Neben vielen anderen habe ich Günter Grass, die südafrikanische Nobelpreisträgerin Nadine Gordimer, Richard Ford, Antonio Tabucchi und Doris Lessing über ihr schriftstellerisches Schaffen kennengelernt und bin heute mit ihnen auch menschlich ganz stark verbunden.« Es gibt kaum einen großen Namen der Weltliteratur, der in der langen Feltrinelli-Liste nicht aufgeführt ist. Von Jawaharlal Nehru, dessen Autobiographie Giangiacomo Feltrinelli 1955 als erstes Buch verlegte, über Boris Pasternak, für dessen großen Roman *Doktor Schiwago* Feltrinelli die Weltrechte erwarb, bis zu Nelson Mandela, dessen Autobiographie 1995 bei Feltrinelli erschien, spannt sich ein Autorenbogen über das Mailänder Imperium, der sich über Jahrzehnte kontinuierlich aufgebaut hat. Inge Feltrinelli lagen besonders die Werke der amerikanischen Schriftsteller Ernest Hemingway, der 1954 den Literaturnobelpreis verliehen bekam, Scott Fitzgerald und Sinclair Lewis am Herzen: »Sie haben mich stark in meinem Denken beeinflußt.«

Die engagierte Verlegerin, deren elegantes Mailänder Büro ihren ausgeprägten Sinn für Harmonie widerspiegelt, hat ihre private Bibliothek nicht systematisch aufgebaut. »Meine Bücher sind gar nicht geordnet«, gesteht sie freimütig, »und trotzdem habe ich ein eingebautes Radarsystem und finde, einem Laserstrahl gleich, das gesuchte Buch.« Was sie gar nicht mag, ist, daß

Zwei Jahre nach seinem Tode wurde 1974 in Mailand die Giangiacomo Feltrinelli Foundation mit ihren Bücherschätzen gegründet. Seine Witwe, Inge Feltrinelli (links), führt mit großem Erfolg den renommierten italienischen Verlag.

Rechts: Die Verlegerin in ihrem Büro, in dem sie Schriftsteller aus aller Welt empfängt.

Unten: Aus Geschäft wurde Freundschaft – mit Günther Grass ist Inge Feltrinelli seit vielen Jahren befreundet, genauso mit der südafrikanischen Nobelpreisträgerin Nadine Gordimer. Mitten zwischen den Fotos thront der »Verleger-Oskar« von 1994.

jemand ein Buch ausleiht und nicht zurückbringt. »Da werde ich ganz hysterisch und unglücklich.«

Systematik ist allerdings in der Giangiacomo Feltrinelli Foundation, der Stiftung mit der großen öffentlich zugänglichen Archivbibliothek, unerläßlich. Unzählige Bücher, Publikationen, gedruckte Reden, Dokumente, Zeitschriften und Zeitungen – insbesondere zu Menschenrechtsbewegungen und dem sozialistischen Klassenkampf – stehen hier Historikern, Politologen und Soziologen für ihre Studien zur Verfügung. Inge Feltrinelli ist in dieser von ihrem Mann ins Leben gerufenen Stiftung Mitglied im Aufsichtsrat und organisiert große Veranstaltungen mit Prominenz aus Politik, Kultur und Wirtschaft – Willy Brandt, Michail Gorbatschow und viele Nobelpreisträger waren dabei. Die Frage, welche Größe der Weltliteratur sie gern kennenlernen würde, beantwortet die aktive Verlegerin ohne zu zögern: »Ich kenne alle und würde doch so gern neue große Autoren treffen.«

Siegfried Unseld, Suhrkamp Verlag, Frankfurt am Main

Mancher der Schriftsteller, die ihr Werk im Suhrkamp Verlag publizieren lassen, will sein Buch nur in einer bestimmten Farbe gebunden haben. Den bekannten Regenbogenfarben der Edition Suhrkamp hat Siegfried Unseld eine große Bücherwand im ersten Stock seines Hauses gewidmet.

»Der Mann sieht gut aus, ist aber schwierig zu fotografieren«, schrieb Andy Warhol am 6. November 1980 in sein Tagebuch. Der Künstler hatte an diesem Tag den Verleger Dr. Siegfried Unseld zu Besuch. »Dafür ist mein Porträt gar nicht so schlecht herausgekommen«, meint der Chef des Suhrkamp Verlages rückblickend amüsiert. Für uns posiert er in seinem hellen großzügigen Haus in Frankfurt am Main neben einem Werk, das ebenfalls aus der New Yorker *Factory* Warhols stammt: dem Konterfei Johann Wolfgang Goethes mit Schlapphut. Im Nebenzimmer hängt ein drittes männliches Antlitz, das der amerikanische Pop-Artist für den Top-Verleger verewigt hat: Hermann Hesse.

Der Schriftsteller Hermann Hesse spielt in der Geschichte des Suhrkamp Verlages, den Siegfried Unseld seit 1959, dem Todesjahr Peter Suhrkamps, leitet, eine besondere Rolle. Zum einen hatte er Peter Suhrkamp 1950 zur Gründung des gleichnamigen Verlages angeregt, zum anderen waren es Hesses und Bertolt Brechts Werke, die das neue Haus rasch zu einem der bekanntesten und umsatzstärksten Verlage aufsteigen ließen. Auch Brecht machte Suhrkamp zu »seinem« Verleger. »Diesen beiden großen Autoren habe ich in meiner Bibliothek hier zu Hause zwei ganze Pfeiler gewidmet«, erklärt Siegfried Unseld und zeigt auf zwei Bücherregale in seinem »mit Büchern wohlversehenen« Empfangsraum.

Seine große Privatbibliothek in dem modernen Haus hat Unseld akribisch und systematisch aufgebaut. 30 000 Bände sind über drei Stockwerke verteilt untergebracht, im Keller befindet sich ein Archiv mit 9650 Büchern – ein Student hat sie gerade gezählt. »Hier liegen fast fünfzig Jahre Suhrkamp-Geschichte«, erklärt der Verleger stolz. In tiefen Rollkästen steht von jedem bei Suhrkamp erschienenen Werk ein Exemplar: insgesamt ein Querschnitt durch die deutschsprachige und internationale Literatur des 20. Jahrhunderts sowie eine Auswahl theoretischer Schriften bedeutender Vertreter der Geisteswissenschaften.

Links: Andy Warhol schuf das berühmte Schlapphutporträt von Johann Wolfgang Goethe. Für Siegfried Unseld ist Goethe Inspirationsquelle und Ruhepol zugleich.

Oben: 9659 Bücher waren im Herbst 1998 im Archiv im Keller der Frankfurter Verlegerresidenz untergebracht – von jedem bei Suhrkamp publizierten Buch ein Belegexemplar.

Unseld, der sicher ist, »daß das Buch für die Literatur im engeren Sinn stets das gültige Medium bleiben wird«, hat einen großen Teil der Suhrkamp-Ausgaben selbst gelesen. »Wir geben 350 Bücher im Jahr heraus, und ich stimme jedem einzelnen Buch zu.« Eigentlich sei es fast noch wichtiger, daß er die neuen Werke der Autoren, mit denen er befreundet ist, lese, auch wenn sie nicht bei Suhrkamp erschienen, betont er selbstbewußt, »und daß ich dann auf das Gelesene sofort reagiere.«

Der Goethe- und Hesse-Experte verbringt seit kurzem seine Nachmittage zu Hause und hat deshalb mehr Zeit für die zahlreichen eigenen Publikationen sowie für die vielen Manuskripte, die er an einem alten Stehpult in seinem Büro bearbeitet. »Hier oben im ersten Stock habe ich mit der wichtigen Sekundärliteratur sowie den unerläßlichen wissenschaftlichen Nachschlagewerken meine Arbeitsbibliothek eingerichtet.« Hinter einer unscheinbaren Tür werden Unselds Preziosen aufbewahrt: wertvolle Erstausgaben von Brecht, Broch, Kafka, Benn, Rilke, Walser und anderen. Ganz besonders stolz ist der Verleger auf die erste Ausgabe von Goethes *Die Leiden des jungen Werthers* aus dem Jahre 1774 und auf ein kleines Büchlein mit einer Widmung von Robert Walser an Hermann Hesse. Letzterer hat auch die wunderbaren Aquarelle in Unselds Salon gemalt.

Der Mann, der sich selbst als »passioniert im Umgang mit Autoren« bezeichnet, besitzt auch einen ausgeprägten Sinn für Ästhetik und für das Wechselspiel zwischen Form und Inhalt. »Das Äußere eines Buches muß eine Äußerung seines Inneren sein«, erklärt er bestimmt und betont den ästhetischen Einfluß von Willy Fleckhaus, der von 1959 bis 1983 bei Suhrkamp den stilistischen Ton angab. Dem Farbenspiel des Edition-Suhrkamp-Regenbogens widmet Siegfried Unseld im ersten Stock seines Wohnhauses ein großes Stück Wand. Eine wahrhaft farbenfrohe Äußerung!

Lord George Weidenfeld, Weidenfeld & Nicolson, London

Der Raum wirkt wie eine Höhle: schwarz lackiert, bis an die Decke mit Büchern vollgestopft, etwas geheimnisvoll, elegant und gemütlich zugleich. An den Wänden imposante Porträts berühmter Päpste der Renaissance, in der Mitte der lederne Lesesessel des Gralshüters. Lord George Weidenfeld ist der Doyen unter den Verlegern Englands, und die über 10 000 Bücher in seiner Londoner Wohnung mit Panoramablick über die Themse spiegeln seine große Leidenschaft für Geschichte und Literatur wider. »Bücher bedeuten mir unendlich viel«, erklärt der gebürtige Wiener, der 1946 englischer Staatsbürger wurde, »das Buch ist die Matrix von jeglicher Art der Information, der Kommunikation und der Unterhaltung.«
George Weidenfeld liest in vielen Sprachen – in Deutsch, Italienisch, Französisch und Englisch, mit Hilfe eines Wörterbuches auch in Spanisch, Portugiesisch und Holländisch; selbst Latein und Griechisch zählt er zu seinen Lesesprachen. Daß er schon mit vier Jahren eine Leseratte war, erklärt er so: »Ich war ein Einzelkind und habe damals alles gelesen, was mir in die Finger kam. Mein Vater hatte eine herrliche Büchersammlung, und sie wurde im Laufe der Jahre mein unerschöflicher Fundus. Später mußte ich die Bücher dann besitzen, sie mein Eigentum wissen – das Ausleihen in einer öffentlichen Bibliothek war nicht meine Sache.«
Auch seine Leidenschaft für Oper und Schauspiel entdeckte Weidenfeld schon als Kind. Er inszenierte kleine Stücke: »So habe ich unter anderem *Die Karlsschüler* von Heinrich Laube auf einem Tisch dargestellt. Dominosteine wurden zu Kulissen und Schachfiguren zu Schauspielern umfunktioniert. Goethe, eine Nebenfigur in diesem dem Dichter Schiller gewidmeten Theaterstück, habe ich mit einem Bauern besetzt. Die diversen Rollen habe ich selbst gespielt und laut rezitiert.«
Die Schauspiele des spanischen Dramatikers Pedro Calderón de la Barca gehörten ebenso in das Repertoire des jungen Weidenfeld wie biblische Geschichten, Märchen von Wilhelm Hauff oder Erzählungen des Romantikers E.T.A. Hoffmann. »Beeindruckt war ich von den *Bildern aus der deut-*

Wie ein Gralshüter wacht der Doyen der englischen Verlegergilde, Lord George Weidenfeld, über seine Schätze. Die schwarz lackierte Bibliothek mit dem bequemen Ledersessel ist die Oase des bekannten Verlegers, der seine Bücher in neun Sprachen liest. Für einige dieser Fremdsprachen zieht aber auch er ein Wörterbuch zu Rate.

schen Vergangenheit von Gustav Freytag und verschlang die Werke von Conrad Ferdinand Meyer, Achim von Arnim, Friedrich Spielhagen, Arthur Schnitzler und Franz Werfel«, fährt der Bücherfreund in rasantem Tempo fort. »Diese Lesefreude dauerte an, bis die Nazis kamen und meinen Vater ins Gefängnis brachten. Gleichzeitig wurden unsere Bankkonten eingefroren, und wir mußten beginnen, unsere Möbel zu verkaufen, und schließlich auch von unserer Bibliothek Abschied nehmen.«

George Weidenfeld verließ Österreich 1938 und wanderte nach England aus, wo er während des Krieges als Nachrichtensprecher für den BBC Overseas Service arbeitete. Sieben Jahre später, bei Kriegsende, gründete er zusammen mit Nigel Nicolson den Verlag Weidenfeld & Nicolson. Der Geschichtskenner brachte wichtige Werke von Historikern heraus, veröffentlichte Biographien und Memoiren der bedeutendsten Politiker seiner Generation: Charles de Gaulle, Konrad Adenauer, Harold Wilson, Golda Meir, Lyndon B. Johnson, Moshe Dayan, Henry Kissinger und Shimon Peres. Auf der langen und prominenten Autorenliste des englischen Verlages finden sich Elisabeth Longford, Antonia Fraser, Martin Gilbert, Vladimir Nabokov, Margaret Drabble, Edna O'Brien, Saul Bellow und Mary McCarthy.

Nach vielen Jahren in England hat sich Lord Weidenfeld mittlerweile auch mit Deutschland ausgesöhnt und, wie er es ausdrückt, »Frieden geschlossen«. Neben seinen verlegerischen Ambitionen hat er sich in dem guten halben Jahrhundert, das er in England lebt, noch ein ganz persönliches Anliegen erfüllt: »Ich habe die Bibliothek meines Vaters in ihrer ganzen Fülle und Vielschichtigkeit hier bei mir in London wieder aufbauen können.« Die vielen hohen Bücherregale schmücken nicht nur das schwarze Bibliothekszimmer, sondern auch die Wände im roten Salon, wo die europäische Literatur steht, und einen dritten Raum, der der Musikwelt, besonders der Oper und ihren Werken, gewidmet ist.

Der Mann, der stets gleichzeitig vier bis fünf Bücher liest, betont: »Ich bin kein Bibliophiler, ich sammle keine Bücher«, »mir ist auch die Farbe des Einbandes unwichtig, für mich zählt nur der Inhalt. So kann ich sehr gut neben den Hitler-Tagebüchern die Geschichte der Tory-Partei, Librettos von Wagner und Beiträge aus der *Fackel* von Karl Kraus lesen.«

Da sein Interesse der Weltgeschichte und ihren Protagonisten gilt, hat Lord Weidenfeld seine schwarze Bibliothek nach geographischen Kriterien aufgebaut: die politische Geschichte Österreichs und Deutsch-

Einladende Sofas, antike asiatische Objekte und viele Bücher verleihen dem roten Salon Eleganz und Gemütlichkeit zugleich. In den hohen Bücherregalen ist Lord Weidenfelds Sammlung europäischer Literatur untergebracht.

Blick aus dem großen Erkerfenster des roten Salons auf die Themse. In diesem Salon und in dem sich anschließenden, eleganten Eßzimmer richtet das Ehepaar Weidenfeld Diners für eine erlesene Gästeschar aus.

lands, mit einer Unterteilung in die Weimarer Republik und das Dritte Reich, befindet sich neben der Geschichte des Mittleren Ostens und des Judentums; dann geht es weiter über die französische, russische, spanische und amerikanische Geschichte – dazu gehören auch Spionage-Dokumentationen – zu Werken über Italien und die Renaissance und die Epochen großer Päpste. Gegenüber sind die englische Geschichte und die englische Politik untergebracht, während die letzte Abteilung den Biographien vorbehalten ist.

Um Platz zu schaffen, verschenkt der große Verleger schon einmal seine Bücher. »Wenn sie überholt sind und den Test der Zeit nicht bestanden haben«, gibt er sie an Schulen und Universitäten, zum Beispiel an die Ben Gurion University of the Negev, in deren Verwaltungsrat er den Vorsitz führt. Lord George Weidenfeld, der seit 1994 als Vizepräsident des Oxford University Development Programm wirkt und 1996 zum Ehrensenator der Rheinischen Friedrich-Wilhelms-Universität in Bonn ernannt wurde, sieht die Zukunft des Buches als ungefährdet an: »Die gedruckten Enzyklopädien werden zwar den Computerdisketten weichen, doch philosophische Aufsätze werden stets in Buchform erhalten bleiben. Das Buch und die Computerscheiben werden als Weggenossen in die Zukunft gehen und nicht als feindliche Brüder – da bin ich mir sicher.«

Lord Weidenfelds Porträtsammlung berühmter Päpste der Renaissance schmückt die schwarze Bibliothek und den roten Salon. An den hohen Wänden stehen flächendeckend ebenso hohe Regale, die die gut sortierte Büchersammlung beherbergen.

Ed Victor und Carol Ryan, Literaturagenten, London

Ein erfolgreiches Paar: Ed Victor und seine Ehefrau, die Anwältin Carol Ryan, lieben es, in ihrer eleganten Wohnung Gäste aus der englischsprachigen Literaturszene und Londoner Gesellschaft zu empfangen. Die Bücherschränke in diesem Raum gleichen hohen farbigen Pfeilern.

Der Herr mit dem graumelierten Krauskopf, dem lässig gestutzten Bart und dem lebhaft-intelligenten Blick ist aus der englischsprachigen Literaturszene und der Londoner Gesellschaft nicht mehr wegzudenken. An Ed Victor kommt man nicht vorbei – wenigstens dann nicht, wenn man Frederick Forsyth, Iris Murdoch, Jack Higgins, Erica Jong oder Eric Segal heißt und weltbekannt ist. Ihre Werke plaziert der Agent gekonnt in renommierten Verlagen und handelt für seine Klientel interessante Konditionen aus. Wer bei Ed Victor unter Vertrag ist, braucht meist nichts zu fürchten. Der gebürtige New Yorker verfügt über dreißig Jahre Buchmarkterfahrung und steigt mit einer großen Portion Charisma in jede Vertragsverhandlung ein. Letzteres läßt ihn zusammen mit seiner attraktiven Ehefrau Carol Ryan auch auf jeder Prominentenliste Londons erscheinen.

Ed, dessen Familie ursprünglich aus Rußland stammt, hat seinen Ruf, einer der besten Literaturagenten Englands zu sein, hart erarbeiten müssen. »Ein Stipendium hat mich nach Cambridge gebracht, wo ich meinen Magister in englischer Literatur machte«, erinnert sich der smarte Büchermann, »danach kam aber nicht Harvard, wo ich eines Tages lehren wollte, sondern London mit seinen großen Verlagshäusern – eine Welt, die mir schon mit zwanzig Jahren spannender vorkam als die Akademikerschmiede.« Der junge Mann wurde von Lord George Weidenfeld in seinem renommierten Verlag angestellt – »als *tea boy* sozusagen«. Ed Victor spürte schnell, daß er nicht geeignet war, sich mit dekorativen Hochglanzbüchern, für die er zuständig war, abzugeben, er wollte sich um die großen Autoren kümmern wie Mary McCarthy, Vladimir Nabokov oder Saul Bellow, die alle bei Weidenfeld & Nicolson publiziert wurden. Obwohl der ehrgeizige junge Amerikaner schon damals wußte, was er wollte, war es noch ein weiter Weg bis zur Erfüllung seiner Träume. Erst nach einer gescheiterten Ehe und einem mißglückten Abstecher ins Zeitungsverlagsgeschäft ging ihm mit knapp dreißig Jahren ein – wie er es ausdrückt – »ultrahelles Licht« auf: Ed Victor wurde Literaturagent – und fand seine Berufung.

Bücher zum Blättern, zum Betrachten und zum Lesen: Systematisch ist die Privatbibliothek des erfolgreichen Literaturagenten Ed Victor nicht aufgebaut, dafür aber lädt sie zum Verweilen und Schmökern ein oder zu einem erlebnisreichen Fernsehabend.

Heute lebt der Amerikaner mit seiner Frau und einem Sohn in London in einem zweigeschossigen eleganten Appartement mit Blick über den Regent's Park oder auf Long Island, New York, in einer alten umgebauten Scheune. Bücher bestimmen in allen Räumen das Ambiente, völlig planlos, ganz anders als im Büro, wo alles durchorganisiert ist. Zwei Aspekte sind dem Bücherfan Ed Victor bei der Auswahl seiner persönlichen Lektüre wichtig: Trifft das Buch den heutigen Zeitgeist? Befriedigt es die intellektuelle Neugier? Wenn der Mann, der neben Schriftstellern und Politikern auch Hollywoodstars wie Candice Bergen und Roman Polanski sowie den Nachlaß des Krimiautors Raymond Chandler vertritt, ein eigenes Buch in den Händen hält, »dann habe ich dieses unbeschreibliche Hochgefühl, das man haben muß, wenn man bei einer Geburt mithilft. In meinem Fall ist es das Produkt all unserer gemeinsamen Anstrengungen.«

Marcel Reich-Ranicki, Literatur-kritiker, Frankfurt am Main

»Für mich sind Bücher Gegenstände zur Arbeit«, sagt der bekannte Literaturkritiker und Autor Marcel Reich-Ranicki, dessen Wohnung in Frankfurt eine große, systematisch geordnete Bücherwelt darstellt.

Der Literaturkritiker Professor Dr. h.c. Marcel Reich-Ranicki lebt mit seiner Frau Teofila in einer Welt, die von Büchern und Autoren bestimmt wird. Sind es im Hause überwiegend die Bücher, so dominieren draußen die Autoren: Umliegende Straßen sind nach Franz Grillparzer, Theodor Storm, Franz Kafka und Joseph von Eichendorff benannt. Herrliche Radierungen von Max Frisch, Thomas Mann, Bertolt Brecht und vielen anderen schmücken den Salon, und unzählige Bücher hier und in mehreren anderen Räumen weisen nicht zuletzt auf die Tätigkeit des Frankfurters hin. »Es ist meine vierte Bibliothek«, erklärt Reich-Ranicki, »die erste mußte ich 1938 in Berlin zurücklassen, als ich nach Warschau deportiert wurde. Meine Bibliothek war für einen Schüler von achtzehn Jahren verhältnismäßig groß. Der Grund dafür war folgender: Ein Onkel von mir hatte einen Freund, einen Chemiker, ebenfalls Jude in Berlin, der seine Emigration vorbereitete. Ich durfte mir Bücher aus seiner Bibliothek aussuchen. So fuhr ich also mit einem Koffer zu diesem Herrn, füllte den Koffer, so gut ich konnte, schleppte ihn zur Straßenbahn und kehrte schwerbeladen nach Hause zurück. Bevor ich mich aber verabschieden und dem Mann danken konnte, meinte dieser, daß die Bücher nur geliehen seien und eines Tages auch stehengelassen werden müssen. Und richtig, diese Bibliothek habe ich in Berlin zurückgelassen, als ich nach Warschau deportiert wurde. Aus Antiquariaten habe ich dann zum zweiten Mal Bücher zusammengetragen, die ich abermals zurückließ. 1958 habe ich Polen verlassen, mit einem Paß, der mich nur zu einem Besuch in der Bundesrepublik Deutschland berechtigte. Ich kehrte aber nicht zurück und mußte meine dritte Bibliothek wiederum in Warschau stehenlassen. Dies ist hier nun also meine vierte und – hoffentlich – letzte Bibliothek.«

Professor Reich-Ranicki kennt die genaue Anzahl seiner Bücher nicht. Er hat sie systematisch geordnet: Die Klassiker und modernen Klassiker, alles Werke nicht mehr lebender Schriftsteller, stehen im Salon, ein Zimmer beherbergt die moderne deutsche Literatur, ein anderes die Essayistik. Russi-

Oben: Im Wohnzimmer ist eine Wand den zahlreichen Radierungen von Schriftstellern gewidmet, während die Regale an den anderen Wänden für die klassische Literatur reserviert sind.

Unten: Ehefrau Teofila bevorzugt polnische Literatur sowie Werke von Max Frisch. Professor Reich-Ranickis Vorliebe gilt seit langem dem literarischen Schaffen von Thomas Mann.

sche, polnische und italienische Literatur stehen zusammen im vierten Raum, und der Korridor ist den englischen und französischen Schriftstellern gewidmet. »Ich besitze auch Erstausgaben«, erklärt der Literaturpapst weiter, »aber nur, weil ich sie geschenkt bekommen habe. Kaufen würde ich mir keine, denn für mich sind Bücher Gegenstände zur Arbeit. Ich bin an alten Ausgaben nicht besonders interessiert. Moderne Ausgaben haben keine Druckfehler mehr, sie sind korrigiert und enthalten oft interessante Anmerkungen. So vermitteln diese Ausgaben den Text eines Autors am besten.«

Wie die meisten Bücherexperten oder Büchersammler hat auch Marcel Reich-Ranicki Platzprobleme: »Ich verschenke Bücher in großen Mengen, denn ich bin zu der Einsicht gelangt — und dies hat Jahre gedauert —, daß es klüger ist, fünf verschiedene Goethe- oder Thomas Mann-Ausgaben zu besitzen als die Werke der meisten zeitgenössischen Autoren. Diese drücken, auch wenn sie gut sind, meist nur unsere Zeitepoche aus und sind nach zwanzig bis dreißig Jahren wieder vergessen. Das klingt zwar böse, ist aber nicht falsch.« Und so sind jeweils einige Bretter in den Bücherregalen des Kritikers den Werken von Goethe, Lessing, Heine, Fontane, Rilke oder Kafka gewidmet — am meisten Platz wird dem Schaffen von Thomas Mann eingeräumt, »denn er steht mir von den deutschsprachigen Schriftstellern am allernächsten.« Ausdruck dieser besonderen Verehrung ist eine wunderbare Seitz-Büste des großen Romanciers, die das Zentrum des Salons in Reich-Ranickis spannender Bücherwelt bildet.

Anhang

Bezugsadressen
Bibliotheksadressen
Bibliographie
Danksagung
Bildnachweis

Bezugsadressen

(nach Ländern und Postleitzahlen sortiert)

Antiquariate

Deutschland

Antiquariat Dieter Trier
Max-Planck-Straße 15
04105 Leipzig
Tel.: (0341) 9800161
www.antiquariat-dieter-trier.de
DDR-Ausgaben über Funk- und Fernsehtechnik.

Antiquariat Sibylle Böhme
Am Volkspark 83
10715 Berlin
Tel.: (030) 2163378
www.antiquariat-boehme.de
Literatur in Erst- und Gesamtausgaben,
Fotografie, Geschichte und Politik.

Dieter Gätjens
Wissenschaftliches und bibliophiles Antiquariat
Brahmsallee 28
20144 Hamburg
Tel.: (040) 418009
Fax: (040) 456165
Werkausgaben, illustrierte Bücher, Exilliteratur,
bibliophile Drucke.

Buch- und Kunstantiquariat
Peter Babendererde
Große Burgstraße 35
23552 Lübeck
Tel.: (0451) 7060666
www.antiquariat-babendererde.de
Alte Städteansichten, Landkarten, Seefahrt und
Reisen, Graphik.

Versandantiquariat Hans-Jürgen Lange
Lerchenkamp 7a / Postfach 1107
29323 Wietze
Tel.: (05146) 986038
www.antiquariatlange.de
Alchemie, Grenz- und Geheimwissenschaften,
Phantastik und Parapsychologie.

Antiquariat Ahrens & Hamacher
Friedrichstraße 104
40217 Düsseldorf
Tel.: (0211) 318960
www.ahrens-hamacher.de
Literatur, Geschichte und Theologie.

Antiquariat Hans-Jürgen Ketz
Scharnhorststraße 92
48151 Münster
Tel.: (0251) 521082
Fax: (0251) 525851
Literatur rund um die Uhr, u.a. Reparaturanleitungen, Kataloge, Uhrenmechanik 16. bis 20.
Jahrhundert, alte Dokumente und Handschriften.

Jürgen Dinter
Buchholzstraße 8
51061 Köln
Tel.: (0221) 646001
www.dinter.de
Philosophie, antike Kataloge, Bücher des
16. Jahrhunderts.

Dr. Rudolf Habelt GmbH
Am Buchenhang 1
53115 Bonn
Tel.: (0228) 9238355
www.habelt.de
Wissenschaftliches Fachantiquariat, Vor- und
Frühgeschichte, Archäologie, Ethnologie.

Antiquariat Rigomagus
Waldburgstraße 50 a
53424 Remagen
Tel.: (02642) 3874
Fax: (02642) 210888
Insel-Bücherei, Orts- und Landeskunde.

Antiquariat Werner Haschtmann
Bornwiesenweg 53
60322 Frankfurt/Main
Tel.: (069) 592343
www.antiquariat-haschtmann.de
Große Auswahl an Jura, Ökonomie und
Sozialwissenschaften.

Die Wendeltreppe
Brückenstraße 34
60594 Frankfurt/Main
Tel.: (069) 611341
www.die-wendeltreppe.de
Buchhandlung und Antiquariat, hauptsächlich
Krimis.

Wissenschaftliches Antiquariat
Dr. Martin Sändig GmbH
Theodorenstraße 2
65189 Wiesbaden
Tel.: (0611) 521029
Mathematik, Technik und Weltraum.

Antiquariat Inge Utzt
Rippoldsauer Straße 9
70372 Stuttgart
Tel.: (0711) 562949
www.antiquariat-utzt.de
Frauenliteratur, Reisebeschreibungen.

J.J. Heckenhauer oHG
Holzmarkt 5
72070 Tübingen
Tel.: (07071) 23018
www.heckenhauer.de
Ost- und Südosteuropa, Slawistik.

Verlag Valentin Koerner GmbH
Abt. Antiquariat
Hermann-Sielcken-Straße 36
76530 Baden-Baden
Tel.: (07221) 22423
www.koerner-verlag.de
Bibliographie, Buchwesen.

Antiquariat Uwe Kolb
Schutternstraße 2
79112 Freiburg
Tel.: (07665) 51953
Einbände.

Antiquariat Rainer Köbelin
Schellingstraße 99
80798 München
Tel.: (089) 285640
Fax: (089) 5237404
Fechten, Militaria, Reiterei, Postkarten.

Basis
Buchhandlung und Antiquariat
Adalbertstraße 41 b-43
80799 München
Tel.: (089) 2720033
www.basis-buch.de
Politische Literatur, Geschichte und Architektur.

Mediantis Notenservice
Hauptstraße 2
82327 Tutzing
Tel.: (08158) 258520
Sehr große Auswahl an Musikliteratur und
Notendrucken.

Buch- und Kunstantiquariat E. & R. Kistner
Weinmarkt 6
90403 Nürnberg
Tel.: (0911) 203482
www.kistner.de
Deutsche Literatur in Erstausgaben, Graphiken.

Frankreich

Librairie Lardanchet
100, Faubourg Saint-Honoré
75008 Paris
Tel.: (01) 42666832
www.lardanchet.fr
Illustrierte Bücher, Einbände, Handschriften.

Ciné Doc
45/53, Passage Jouffroy
75009 Paris
Tel.: (01) 48247136
www.cine-doc.fr
Neue und antiquarische Kinobücher,
Filmplakate und Filmfotos.

Librairie Loeb-Laroque
31, rue de Tolbiac
75013 Paris
Tel.: (01) 44248580
www.loeb-laroque.fr
Atlanten, Landkarten, Ansichten, illustrierte Bücher.

Großbritannien

Bell, Book & Radmall
4 Cecil Court
London WC2N 4HE
Tel.: (020) 72402161
Erstausgaben amerikanischer und britischer Literatur des 20. Jahrhunderts.

Books for Cooks
4 Blenheim Crescent
London W11 1NN
Tel.: (020) 7221992
www.booksforcooks.com
Britische und internationale Kochrezepte in Hülle und Fülle aus neuen und antiquarischen Büchern, rare Einzelstücke.

Stanford's Map & Travel Bookshop
12–14 Long Acre
London WC2E 9LP
Tel.: (020) 78361321
www.stanfords.co.uk
Hochspezialisierte Schatztruhe für neue, alte, seltene und vergriffene Reisebücher, Karten, Globen. Prosa rund ums Reisen.

The Library
268 Brompton Road
London SW3 2AS
Tel.: (020) 75896569
Seltene Erstausgaben, rare Kunstbildbände und andere edle Bücher.

Italien

Antica Libreria Cascianelli
Largo Febo 14–16 (Piazza Navona)
00186 Rom
Tel.: 06 68802806
www.cascianelli.it
Heraldik, Recht, Religion, Romanistik.

Liberia Antiquaria C.E. Rappaport
Via Sistina 23
00187 Rom
Tel.: 06 483826
www.rappaport.it
Naturwissenschaften, Geisteswissenschaften, Literatur, Kunst.

Libri d'Arte
Via Caposile 6
00195 Rom
Tel.: 06 3613156
www.libri-antichi.com
Kunstbuchantiquariat mit Werken über Malerei, Bildhauerei, Architektur, Archäologie, angewandte Kunst.

Niederlande

Straat Antiquaren
Rosmarijnsteeg 8
1012 RP Amsterdam
Tel.: (020) 4284790
www.strt.nl
Geographie, Sprach- und Literaturwissenschaften.

Antiquariaat Dieter Schierenberg b.v.
Zamenhofstraat 150
1022 AG Amsterdam
Tel.: (020) 6362202
www.schierenberg.nl
Seltene naturwissenschaftliche Bücher und Zeitschriften, Geschichte der Wissenschaften.

Ludwig Rosenthal's Antiquariaat
Park Leeuwenberglahn 1
2267 BM Leidschendam
Tel.: (070) 3193049
www.ludwigrosenthal.com
Theologie, Inkunabeln, Humanismus, illustrierte Bücher.

Österreich

Antiquarische Bücher und Drucke
Altbuchdienst
Dr.-Karl-Lueger-Platz 3
1010 Wien
Tel.: (01) 5126400
www.buecher-ernst.com
Graphiken, Zeitungserstdrucke.

Antiquariat Löcker
Annagasse 5
1015 Wien
Tel.: (01) 512157344
www.loecker.at
Bibliophile Raritäten, Kunst, Judaica.

Antiquariat Buch und Wein
Schäffergasse 13a
1040 Wien
Tel.: (01) 9619553
www.buchundwein.org
Wein zum Buch und Buch zum Wein.

Schweiz

Galerie Kornfeld & Co.
Laupenstrasse 41
3008 Bern
Tel.: (031) 3814673
www.kornfeld.ch
Dokumentationen zur Kunst des 19. und 20. Jahrhunderts.

Antiquariat Dr. Karl Ruetz
Rufacherstrasse 20
4009 Basel
Tel.: (061) 3025328
www.ruetz.ch
Architektur und Kunst, Naturwissenschaften, Reisen, Kupferstiche.

Antiquariat im Seefeld
Seefeldstrasse 189
8008 Zürich
Tel. und Fax: (044) 3818151
Literatur, Kunst, Fotografie, Psychologie, Philosophie, Esoterik.

Hellmut Schumann AG
Holzgasse 4
8022 Zürich
Tel.: (044) 2510272
www.schumann.ch
Eines der ältesten Antiquariate in der Schweiz, 1828 gegründet. Deutsche Literatur in Erstausgaben, Wissenschaft, Reisen, Internetservice.

Theologische Buchhandlung
Räffelstrasse 20
8025 Zürich
Tel.: (01) 4617700
Buchhandlung und Antiquariat für den gesamten Bereich Fachtheologie: Bibeln, Gesangbücher, Kirchengeschichte, praktische Theologie, Religionsunterricht, ab 15. Jahrhundert, Filiale in Bern.

Bibliotheca Gastronomica
Spitzacherstrasse 6
8057 Zürich
Tel.: (044) 3419784
Fax: (044) 3419790
Bücher rund ums Essen und Trinken vor 1800, u.a. Literatur über Kaffeehäuser, Wein, gastronomische Literatur. Besuch nur nach Voranmeldung. Versandbuchhandel.

Antiquariatsmessen

Deutschland

Antiquariatsmesse Leipzig
(Ende März im Rahmen der Leipziger Buchmesse)
Messeallee 1
04356 Leipzig
Tel.: (0211) 3190070
www.abooks.de

Liber Berlin
(Ende Oktober/Anfang November)
Deutsches Historisches Museum, Zeughaus
Unter den Linden 2
10117 Berlin
Organisation: Knut Ahnert
Antiquariat Knut Ahnert
Sybelstraße 58
10629 Berlin
Tel.: (030) 3240907
www.liberberlin.de

Quod libet
(zweites Novemberwochenende)
Organisation:
Luckwaldt Messen & Events
Brückhorsterstraße 34
24641 Sievershütten
Tel.: (04194) 8101
www.quod-libet.com

Kölner Antiquariatsmesse
(September/Oktober)
Joseph-Haubrich-Kunsthalle
Cäcilienstraße
51147 Köln

Veranstalter: Verband Deutscher Antiquare e.V.
Seeblick 1
56459 Elbingen
Tel.: (06435) 909148
www.antiquare.de

Stuttgarter Antiquariatsmesse
(letztes Januarwochenende)
Veranstalter: Verband Deutscher Antiquare e.V.
Seeblick 1
56459 Elbingen
Tel.: (06435) 909148
www.antiquare.de

Frankfurter Antiquariatsmesse
(im Rahmen der Frankfurter Buchmesse im Oktober)
Messegelände / Ludwig-Erhard-Anlage 1
60327 Frankfurt/Main
Organisation: abooks.de e.K / D.Thursch
Rosenstraße 10
54587 Lissendorf
Tel.: (06597) 901071
www.abooks.de

Antiquaria Ludwigsburg
(Anfang Februar)
Musikhalle Ludwigsburg
Bahnhofstraße 19
71638 Ludwigsburg
Organisation: Antiquariat Petra Bewer
Gänseheidestraße 69
70184 Stuttgart
Tel.: (0711) 2348526
www.antiquaria-ludwigsburg.de

Frankreich

Foire Internationale du Livre Ancien
(Ende Mai)
Syndicat national de la Librairie Ancienne et Moderne/SLAM
La Maison de la Mutualité
24, rue Saint-Victor
75001 Paris

Großbritannien

Provincial Booksellers' Fairs Association/P.B.F.A.
The Old Coach House
16 Melbourne Street
Hertfordshire SG8 7BZ
Tel.: (01763) 248400
Fax: (01763) 248921
Aktuelle Informationen über Phone Fairline (01763) 248212. Antiquariatsorganisation und Veranstalter. Der Calendar of Book Fairs informiert über fast 150 Antiquariatsmessen und Antiquariatsmärkte in Großbritannien.

Antiquarian Book Fair
Olympia Exhibition Center/Olympia Two
(Anfang Juni)
Antiquarian Booksellers' Association/ABA
Hammersmith Road
London W1J 0DR
Tel.: (020) 74393118
www.olympiabookfair.co.uk

London June Book Fair
(Ende Mai)
Hotel Russell
Russell Square
London WC1B 5BE
Tel.: (0171) 8376470
Veranstalter: P.B.F.A.
The Old Coach House
16 Melbourne Street
Hertfordshire SG8 7BZ
Tel.: (01763) 248400
Fax: (01763) 248921

Italien

Mostra del Libro Antico
(Ende März)
Publitalia '80
Palazzo della Permanente
Via Turati, 34
20121 Mailand
Veranstalter:
Fondazione Biblioteca de Via Senato
Tel.: 02 21023079
www.mostradellibroantico.it

Mostra del Libro Antico
(Mitte Oktober)
Associazione Librai Antiquari d'Italia/ALAI
Palazzo Corsini
50100 Florenz
Tel.: 055 243253
www.mostradellibroantico.it

Niederlande

European Antiquarian Book & Print Fair
(Ende Oktober)
Passenger Terminal Amsterdam
Piet Heinkade 27
1019 BR Amsterdam
Kontakt: De Nederlandsche Vereeniging van Antiquaren/NVvA

Peter Everaers
Notendijk 7
4583 SV Ter Hole
Tel.: (030) 2522900

Österreich

Aktuelle Informationen zu Messen sind zu finden unter www.antiquare.at.

Schweiz

Büchermarkt von Basler Antiquariaten
(Ende Januar)
Rümelinsplatz 4
4051 Basel
Kontakt: Zum Bücherwurm AG
Urs Joerin
Gerbergergässlein
4051 Basel
Tel.: (061) 2617358

Antiquariatsmesse Zürich
(Anfang März)
Froschauergenossenschaft Zürcher Antiquare
Großer Vortragssaal, Kunsthaus Zürich
Postfach 675
8024 Zürich
Tel.: (044) 2605900
www.bookfair.ch

Handbuchbinder
(von den ortsansässigen Bibliotheken empfohlen)

Deutschland

Zentrum für Bucherhaltung
Dr. Wächter GmbH
Mommsenstraße 6
04329 Leipzig
Tel.: (0341) 259890
www.zfb.com

Katzengrabenpresse
Katzengraben 14
12555 Berlin
Tel.: (030) 6555880
www.katzengraben-presse.de
Buchbinderei mit eigener Galerie.
Bleisatzbücher, Lesungen.

Christian Zwang
Paulinenallee 28
20259 Hamburg
Tel.: (040) 437643
www.buchbinderei-hamburg.de

Buchbinderei Supper
Moltkestraße 12
30974 Wenningen/Deister
Tel.: (05103) 706668
www.buchbinder-supper.de

Buchbinderei Mergemeier
Luisenstraße 7
40215 Düsseldorf
Tel.: (0211) 374396
www.mergemeier.de

Buchbinderei Schilling & Croll
Eckenheimer Landstraße 34
60318 Frankfurt/Main
Tel.: (069) 281374
Fax: (069) 458581

Buchbinderei Frölich
Hohenstaufenstraße 14
70178 Stuttgart
Tel.: (0711) 606363
Fax: (0711) 606304

Papierwerkstatt
Katharina Lechner
Schellingstraße 96
80798 München
Tel.: (089) 5231684
www.papier-werkstatt.com

Frankreich

L'Atelier du Livre
3, Impasse Du Plessis
78000 Versailles
Tel.: (01) 39499985

Großbritannien

Marba Bookbinding
63 Jeddo Road
London W12 9EE
Tel.: (020) 87434715

United Kingdom Institute of Conservation
1st Floor, Downstream Building
1 London Bridge
London SE1 9BG
Tel.: (020) 77853807

Wyvern Bindery
56–58 Clerkenwell Close
London EC1M 5PX
Tel.: (020) 74907899
www.wyvernbindery.com

Italien

Legatoria d'Arte
Piero Nardari
Via Sandro Botticelli 26
20133 Mailand
Tel. und Fax: 02 70102990

Niederlande

Boekbinderij Bronsgeest
Nieuwstraat 16 a
2266 AD Leidschendam
Tel.: (070) 3652125
www.handboekbinderijbronsgeest.nl

Österreich

Buchbinderei Peter Grünauer
Augustinerstraße 12/10
1010 Wien
Tel.: (01) 5128258
www.buchbinderei-gruenauer.at

Schweiz

Erwin Ruf
Freiburgstrasse 420
3018 Bern
Tel.: (031) 3312874 oder 3310031
www.ruf-ag.ch

Autographenhandlungen

Deutschland

J.A. Stargardt
Brentanostraße 52
12163 Berlin
Tel.: (030) 8822542
www.stargardt.de
Autographen und Urkunden.

Antiquariat Susanne Koppel
Parkallee 4
20144 Hamburg
Tel.: (040) 454407
www.antiquariat-koppel.de

Antiquariat W. Brandes
Buch- und Graphikauktionen
Inh. Ulrich Schneider
Wolfenbütteler Straße 12
38102 Braunschweig
Tel.: (0531) 75005
Fax: (0531) 75015

Bender Antiquariat KG
Trinkaus-Galerie
Königsallee 21–23
40212 Düsseldorf
Tel. und Fax: (0211) 325112

Buch- und Kunstantiquariat
Günther Leisten
St.-Engelbert-Straße 24
51519 Odenthal
Tel.: (02202) 78540

Dr. Wolfgang Wiemann
Bergstraße 49
69120 Heidelberg
Tel.: (06221) 413030
Fax: (06221) 474442

Musikantiquariat Dr. Ulrich Drüner
Ameisenbergstraße 65
70188 Stuttgart
Tel.: (0711) 486165
www.musik-druener.de
Musikerautographen.

Hartung & Hartung
Antiquariat – Auktionen
Karolinenplatz 5a
80333 München
Tel.: (089) 284034
www.hartung-hartung.de

Carl-Ernst Kohlhauer
Graserweg 2
91555 Feuchtwangen
Tel.: (09852) 9292
Fax: (09852) 4037

Frankreich

Librairie Pierre Berès
14, avenue de Friedland
75008 Paris
Tel.: (01) 45610099
Fax: (01) 43597913

Italien

Regno del Collezionismo
Via Galvano Fiammo 30
20129 Mailand
Tel.: 02 91470498

Niederlande

Antiquariaat Hartmut Erlemann
Keizersgracht 258
1016 EV Amsterdam
Tel.: (020) 6259768
Besuch nur nach Vereinbarung.

Österreich

Antiquariat Löcker
Annagasse 5
1015 Wien
Tel.: (01) 5127344
Fax: (01) 5127344

Schweiz

Erasmushaus – Haus der Bücher AG
Bäumleingasse 18
4051 Basel
Tel.: (061) 2289944
www.erasmushaus.ch
Besuch nur nach Vereinbarung.

Exlibris-Handlungen

Deutschland

Scheike
Galerie und Antiquariat
Michael-Ch. Scheike
Parkallee 38
28209 Bremen
Tel.: (0421) 349000
Fax: (0421) 349003

Gini's Exlibris-Laden
Angela Pfennig
Grünstraße 45
41199 Mönchengladbach
Tel.: (02166) 609283

Claus Wittal
Exlibrisbuch-Versand & Exlibris-Antiquariat
Fliednerstraße 27
65191 Wiesbaden
Tel.: (0611) 502907
www.exlibris-art.com

Niederlande

Antiquariaat Erasmus
Nieuwe Herengracht 123 a
1011 SC Amsterdam
Tel.: (020) 5353433
Exlibris-Literatur.

Exlibriswereld
Antiquariaat A. van Waterschoot
Oudestraat 20
5421 WE Gemert
Tel.: (0492) 362228
Fax: (0492) 367458

Österreich

Buch- und Kunstantiquariat Gilhofer
Rathausstraße 19
1010 Wien
Tel.: (01) 40961900
www.inlibris.at

Schweiz

Antiquariat Zähringer
Froschaugasse 5
8001 Zürich
Tel.: (044) 2523666
www.zaehringer-zuerich.com
Exlibris-Literatur.

Exlibris-Gesellschaften

Deutschland

Deutsche Exlibris Gesellschaft e.V. (DEG)
Birgit Göbel-Stiegler
Joachim-Karnatz-Allee 19
10557 Berlin
Tel.: (030) 20671990
www.exlibris-deg.de

Frankreich

A.F.C.E.L.
Association Française pour la Connaissance
de l'Ex-Libris
Bibliothèque Municipale
43, rue Stanislas
54042 Nancy Cedex
Tel.: (03) 83373883
Fax: (03) 83379182

Großbritannien

The Bookplate Society
11 Nella Road
London W6 9PB
www.bookplatesociety.org

Italien

Associazione Italiana Utenti ExLibris
Via Palladio 8
33100 Udine
Tel.: 04232 556243
Fax: 04232 556822

Niederlande

Nederlandse Vereniging voor Exlibris
P.A. Burggraaf
Voordorpsedijk 32 a
3737 BK Groenekan
www.exlibriswereld.nl

Österreich

Österreichische Exlibris-Gesellschaft (OEG)
Dr. Ottmar Premstaller
Parkweg 4
4222 St. Georgen/Gusen
Tel.: (07237) 2208
www.exlibris-austria.com

Schweiz

Schweizerischer Exlibris Club (SELC)
Kontakt über das Formular auf der Website
www.exlibris-selc.ch.

Literaturcafés
(Cafés und ähnliche Einrichtungen, in denen
literarische Veranstaltungen stattfinden)

Deutschland

Bar jeder Vernunft
Schaperstraße 24
10719 Berlin-Wilmersdorf
Tel.: (030) 8856920
www.bar-jeder-vernunft.de

Café Absurd
Clemens-Schultz-Straße 84
20359 Hamburg
Tel.: (040) 3171122
www.cafeabsurd.de

Literaturtreff im Heine-Geburtshaus
Bolkerstraße 53
40213 Düsseldorf
Tel.: (0211) 133200

Literaturcafé in der Stadtbibliothek Essen
Hollestraße 3
45127 Essen
Tel.: (0201) 6488309

Restaurant im Literaturhaus
Schöne Aussicht 2
60311 Frankfurt/Main
Tel.: (069) 7561840

Literaturcafé Lolo
Bahnhofstraße 54
66111 Saarbrücken
Tel.: (0681) 3907745

Baal
Kreittmayrstraße 26
80335 München
Tel.: (089) 18703836
www.osteria-baal.de
Ein ganz mit antiquarischen Büchern, die auch
gern gelesen werden dürfen, ausgestattetes
Lokal.

Frankreich

Café de Cluny
Café littéraire Brasserie & Salon de thé
20, boulevard Saint Michel
75006 Paris
Tel.: (01) 43269840

Großbritannien

Lamb and Flag
33 Rose Street
London WC2E 9EB
Tel.: (020) 74979504
Traditionelles Pub. Theateraufführungen und
Dichterlesungen, im Winter offener Kamin.

Italien

Libreria Bibli
Via dei Fienaroli 28
00153 Rom
Tel.: 06 5314534
www.bibli.it
Buchhandlung mit Café, Lesungen.

Caffè Letterario
Via Solferino, 27
20121 Mailand
Tel.: 02 29015119

Österreich

Café Schottenring
Schottenring 19
1010 Wien
Tel.: (01) 3153343
www.cafe-schottenring.at

Literaturhaus Wien
Seidengasse 13
1070 Wien
Tel.: (01) 52620440
www.literaturhaus.at

Zum Goldenen Pelikan
Club Poethique
Lerchenfelder Gürtel 51
1180 Wien
Tel.: (01) 4050205

Schweiz

Weisser Wind
Oberdorfstrasse 20
8001 Zürich
Tel.: (044) 2511845

Bibliophile Vereine

Deutschland

Gesellschaft der Bibliophilen e.V.
Rindermarkt 17
80331 München
Tel.: (089) 54504210
www.bibliophile.de
Dachverband, dem viele deutsche bibliophile Gesellschaften angeschlossen sind.

Frankreich

Association Internationale de Bibliophilie
Postanschrift:
Enssib-BFF
17–21, boulevard du 11 Novembre 1918
69623 Villeurbane
Tel.: (04) 72444305
www.bbf.enssib.fr

Club Français des Bibliophiles
79, avenue La Bruyère
94400 Vitry Sur Seine
Tel.: (01) 55535200

Großbritannien

John Rylands University Library Manchester
150 Deansgate
Manchester M3 3EH
Tel.: (0151) 2753751
Fax: (0161) 2737488

Roxburghe Club
Kontaktadresse:
c/o Archives
Arundel Castle
West Sussex BN18 9AB
www.roxburgheclub.org.uk
Die weltweit älteste bibliophile Gesellschaft, 1812 in London gegründet.

Niederlande

Nederlands Genootschap van Bibliofielen
J. Storm van Leeuwen (Sekretär)
Koninklijke Bibliotheek
Postfach 90407
2509 LK Den Haag
Tel.: (070) 3140318

Österreich

Wiener Bibliophilen-Gesellschaft
Kontaktadresse:
Dr. Tillfried Cernajsek
Walzergasse 35 c
2380 Perchtoldsdorf
Tel.: (01865) 0580
www.wiener-bibliophile.at

Schweiz

Allgemeine Lesegesellschaft Basel
Münsterplatz 8
4001 Basel
Tel.: (061) 2614349
www.lesegesellschaft-basel.ch

Bücherstädte

Deutschland

Mühlbeck-Friedersdorf
Förderverein Buchdorf
Mühlbeck-Friedersdorf e.V.
Dorfplatz 61
06774 Muldestausee
Tel.: (03493) 950043
Fax: (03493) 950045

Wünsdorf-Waldstadt
Bücherstadt-Tourismus
Gutenbergstraße 1
15806 Zossen
Tel.: (033) 7029600
www.buecherstadt.de

Frankreich

Montolieu
Association Montolieu Village du Livre et des Arts Graphiques
Kontakt:
Bureau de l'association
11170 Montolieu
Tel.: (04) 68248004
www.montolieu-village.fr

Becherel
Yvonne Preteseille
Librairie Gwrizienn
3, rue de la Chanvrerie
35170 Becherel
Tel.: (02) 99668709
Fax: (02) 99668709

Großbritannien

Hay-on-Wye
Richard Booth's Bookshop Ltd.
44 Lion Street
Hereford HR3 5AA
Tel.: (01497) 820322
www.richardbooth.demon.co.uk
Die weltweit erste Bücherstadt, 1961 gegründet. Hier sind auch aktuelle Adressen weiterer Bücherstädte zu erfragen.

Wigtown
John Carter
GC Book Publishers Ltd., The Book Shop
17 North Main Street
Wigtownshire DG8 9HL
Tel.: (01988) 402499
www.gcbooks.co.uk

Niederlande

Bredevoort
Infocentrum
Markt 8
7126 AZ Bredevoort
Tel.: (05434) 52380
www.bredevoort.boekenstad.nl

Bibliothekseinrichter

(Die im Folgenden genannten Hersteller und Möbelverbände geben gern Auskunft darüber, welche Einzelhändler ihre Produkte führen.)

Deutschland

Intecta & Regent Möbel
Einrichtungshaus GmbH & Co. KG
Am Altmarkt 25
01067 Dresden
Tel.: (0351) 48540
Fax: (0351) 4854700
Einzelhändler für Hülsta: Regaltürme, Regalwände (mit Dachspitze und/oder Schiebetür), flexible Buchstützen, Regalleitern sowie Paschen-Bibliotheken.

Möbel-Hübner
Einrichtungshaus GmbH
Genthiner Straße 41
10785 Berlin
Tel.: (030) 254050
www.moebel-huebner.de
Einzelhändler: Stilrichtungen und Ausführungen von englisch bis modern, Bücherregalwände bzw. Lesesessel von Poliform, Interlübke, WK, De Sede, Cor, Musterring, Paschen, Ekornes, Mercury, RELAX-Lesesessel der Marke Hukla.

Arbiplan
Inh. Werner Simonis Archiv- und Bibliothekseinrichtungen
Im Winkel 10
20251 Hamburg
Mobiltel.: (0170) 2431712

IPR Cologne
Einrichtung + Design
Dürener Straße 105–107
50931 Köln
Tel.: (0221) 9405780
www.ipr.cologne.de
Einzelhändler: Regalsysteme, die in der eigenen Werkstatt auf Maß gebracht werden, vierzig verschiedene Oberflächen lieferbar, europaweiter Handel.

Verband der deutschen Möbelindustrie
Flutgraben 2
53604 Bad Honnef
Tel.: (02224) 93770
www.hdv-ev.de
Dachverband, der mit Blick auf weitere Hersteller- und Einzelhändleradressen auf regionale Verbände verweist.

Paschen & Companie
Stromberger Straße 27
59329 Wadersloh
Tel.: (02523) 280
www.paschen.de
Hersteller: Bibliothekssysteme (original Paschen-Bibliothek), Bibliotheksleitern, größte Kompetenz auf dem Sektor Büchermöbel.

Möbel Mammut Beck GmbH + Co. KG
Hauptstätter Straße 111
70178 Stuttgart
Tel.: (0711) 16970
Fax: (0711) 1697151
Einzelhändler für über ein Dutzend Bibliotheksprogramme führender Hersteller in unterschiedlichstem Design.

ClassiCon GmbH
Sigmund-Riefler-Bogen 3
81829 München
Tel.: (089) 7481330
www.classicon.com
Hersteller von Designer-Stahlblechregalen, -Lesesesseln, -Stehpulten, -Sekretären, -Leseleuchten.

Frankreich

Jacques Grange
18, Rue Servandoni
75006 Paris
Tel.: (01) 3267190
Möbeldesigner und Dekorateur, u.a. Shakermöbel.

Großbritannien

Simplex
High Street
Oldland Common
Bristol BS30 9TA
Tel.: (0117) 9322279
Fax: (0117) 9328800
Holzregale und Bücherschränke.

Carpenters Design
Unit A1
Park Royal Industrial Centre
Eldon Way
London NW10 7QY
Tel.: (0203) 4893858
www.carpentersdesign.co.uk
Maßgefertigte Bücherschränke und -regale im zeitgenössischen und traditionellen Stil.

Italien

Poliform S.p.A.
Kontakt:
Direzione Amministrazione
Via Montesanto 28
22044 Inverigo (Co)
Tel.: 031 6951
www.poliform.it
Hersteller: Bücherschrankwände, Wall-to-Wall-Systeme, gleitende Leitern.

Niederlande

L.J. Mennink Antiekverkopers
Spiegelgracht 21
1017 JP Amsterdam
Tel.: (020) 6270933
Umfassendes Sortiment an antikem Bibliotheksmobiliar.

Österreich

Michelfeit Einrichtungshaus GmbH
Laxenburgerstraße 145
(Zentrale)
1100 Wien
Tel.: (01) 601300
Fax: (01) 601303278
Mit drei Wiener Filialen.

Schweiz

Diga Möbel AG
Zentralverwaltung
Kantonsstrasse 9
8854 Galgenen
Tel.: (055) 4505555
www.digamoebel.ch
Mit Filialen in Fribourg, Emmen, Hägendorf, Rickenbach, Dübendorf.

Schweiz

Saint-Pierre de Clages
Les Amis de Saint-Pierre de Clages
Case Postale 7
1955 Chamson
Tel.: (027) 3066113
www.village-du-livre.ch

Bibliotheksadressen

Deutschland

Deutsche Bücherei Leipzig
Deutscher Platz 1
04103 Leipzig
Tel.: (0341) 22710
www.d-nb.de
Die Deutsche Bücherei Leipzig gehört zur Deutschen Bibliothek. Am traditionsreichen Standort Leipzig befinden sich außerdem das Deutsche Buch- und Schriftmuseum, die Sammlung Exilliteratur 1933–1945 und die Anne-Frank-Shoah-Bibliothek. Das Sammelgebiet des Deutschen Buch- und Schriftmuseums umfaßt internationale Buchkunst, Buch- und Druckwesen, Geschichte der Schrift und Beschreibstoffe, Einbände, graphische Blätter einschließlich Kalligraphie, Wasserzeichenpapiere sowie Geräte zur Buch- und Papierherstellung.

Staatsbibliothek zu Berlin
Preußischer Kulturbesitz
Unter den Linden 8
10117 Berlin
Tel.: (030) 2660
www.staatsbibliothek-berlin.de
Die Staatsbibliothek, eine der größten wissenschaftlichen Universalbibliotheken in Europa, ist eine Einrichtung der Stiftung Preußischer Kulturbesitz. In zwei Häusern befinden sich über neun Millionen Bände Druckschriften und umfangreiche Sammlungen von alten Handschriften, Inkunabeln, Karten, Musikalien, Parlamentaria, Amtsdruckschriften und Veröffentlichungen internationaler Organisationen. Neben der Erstellung des internationalen Gesamtkatalogs der Wiegendrucke und der bibliothekarischen Betreuung der bundesweiten Zeitschriftendatenbank wird hier die überregionale Zentralkartei der Autographen geführt.

Bibliothek Friedrichs II.
Schloß Sanssouci
14414 Potsdam
Tel.: (0331) 9694301
www.spsg.de
Siehe Seite 28 ff.

Herzog August Bibliothek Wolfenbüttel
Lessingplatz 1
38304 Wolfenbüttel
Tel.: (05331) 8080
www.hab.de
Kompetenzzentrum für alte Drucke, Sammlung deutscher Drucke ab dem 17. Jahrhundert, Handschriftenzentrum der Deutschen Forschungsgemeinschaft.
Siehe Seite 24 ff.

Deutsche Bibliothek
Adickesallee 1
60322 Frankfurt/Main
Tel.: (069) 15250
www.d-nb.de
Zentrale Archivbibliothek und nationalbibliographisches Informationszentrum der Bundesrepublik Deutschland. Sie ist für das Sammeln, Erschließen und bibliographische Verzeichnen der deutschen und deutschsprachigen Literatur ab 1913 zuständig. Seit der Gründung 1990 mit der Wiedervereinigung Deutschlands aus den Vorgängereinrichtungen Deutsche Bücherei Leipzig und Deutsche Bibliothek Frankfurt üben beide Häuser gemeinsam die gesetzlich festgelegten Aufgaben aus. Schwerpunktfunktionen in Frankfurt sind die Führung der zentralen Datenbank, Produktion, Marketing und Vertrieb der nationalbibliographischen Dienstleistungen und das Deutsche Exilarchiv 1933–1945.

Bayerische Staatsbibliothek
Ludwigstraße 16
80539 München
Tel.: (089) 286380
www.bsb-muenchen.de
1558 gegründet, befindet sich die Landesbibliothek heute in einem eigens zu diesem Zweck errichteten klassizistischen Prachtbau des Architekten Friedrich von Gärtner, den Ludwig I. in Auftrag gegeben hat. Das Sammelgebiet umfaßt Sprachen, Kunstgeschichte, Judaica, Landkarten und Reisewerke, Notendrucke, Handschriften, Autographen, Nachlässe, Inkunabeln und Frühdrucke, Sammlung deutscher Drucke 1450–1600, moderne Bibliophilie, Institut für Buchrestauration und Exlibris.

Herzogin Anna Amalia Bibliothek
Stiftung Weimarer Klassik
Platz der Demokratie 1
Postfach 20 12
99423 Weimar
Tel.: (03643) 545400
www.klassik-stiftung.de/haab
Gegründet wurde die Bibliothek 1691 als Hofbibliothek. Goethe war wohl ihr berühmtester Leiter; er hatte die Oberaufsicht von 1779 bis zu seinem Tode 1832 inne. Besonders erwähnenswert sind alte Handschriften, historische Landkarten und Pläne sowie umfangreiche Fotosammlungen. Im Jahr 2004 zerstörte ein Brand Teile des historischen Bibliotheksgebäudes, 2007 fand die Wiedereröffnung statt.

Frankreich

Bibliothèque nationale de France
Quai François Mauriac
75013 Paris
Tel.: (01) 53795379
www.bnf.fr
Siehe Seite 40 ff.

Großbritannien

The British Library
96 Euston Road
London NW1 2DB
Tel.: (0171) 4127000
www.bl.uk
Im eindrucksvollen Lesesaal studierten schon Charles Dickens, George Bernard Shaw, Karl Marx und Lenin. Der klassizistische Bau beherbergt eine umfassende Manuskript- und Handschriftensammlung, in der zum Teil kostbar verzierte Handschriften aus dem 8. bis 16. Jahrhundert zu bewundern sind. Außerdem finden sich hier Erstausgaben von Shakespeare und Chaucer sowie die erste, 1455/56 gedruckte Gutenbergbibel.

Italien

Biblioteca Angelica
Piazza S. Agostino, 8
00186 Roma
Tel.: 06 840801
www.biblioangelico.it
1604 als erste für die Öffentlichkeit frei zugängliche Bibliothek Europas gegründet.
Siehe Seite 20 ff.

Biblioteca Riccardiana
Palazzo Medici Riccardi
Via Ginori, 10
50129 Florenz
Tel.: 055 212586
www.riccardiana.firenze.sbn.it
Wissenschaftliche und philosophische Schriften, Autographen und Briefe.
Siehe Seite 86 ff.

Niederlande

Koninklijke Bibliotheek
Bibliothek des Königlichen Hausarchivs
Prins-Willem-Alexanderhof 5
2595 BE Den Haag
Tel.: (070) 31140911
www.kb.nl
Siehe Seite 32 ff.

Österreich

Österreichische Nationalbibliothek
Josefsplatz 1
1015 Wien
Tel.: (01) 53410
www.onb.ac.at
Sammlung für Plansprachen, Handschriften, Autographen und Drucke. Eine der weltweit größten Papyrussammlungen.
Siehe Seite 36 ff.

Schweiz

Stiftsbibliothek St.Gallen
Ehemalige Bibliothek des Benediktinerstifts St.Gallen
Klosterhof 6d
9004 St.Gallen
Tel.: (071) 2273416
www.stiftsbibliothek.ch
Eine der größten und ältesten Klosterbibliotheken, einzigartige Sammlung von Handschriften, Buchmalerei der Mönche ab dem 18. Jahrhundert.
Siehe Seite 14 ff.

Bibliographie

1. Schatzkammern des Geistes: Von Bibliotheken und Sammlungen

Battles, Matthew: *Die Welt der Bücher. Eine Geschichte der Bibliothek*, aus dem Englischen von Sophia Simon, Patmos, Mannheim 2007

Borges, Jorge L.: *Die Bibliothek von Babel*, aus dem Argentinischen von Jose A. Friedl Zapata, Reclam, Stuttgart 1986

Born, Jürgen: *Kafkas Bibliothek. Ein beschreibendes Verzeichnis*, Fischer, Frankfurt/Main 1990

Buzás, Ladislaus: *Deutsche Bibliotheksgeschichte des Mittelalters*, L. Reichert, Wiesbaden 1975

ders.: *Deutsche Bibliotheksgeschichte der Neuzeit (1500–1800)*, L. Reichert, Wiesbaden 1976

ders.: *Deutsche Bibliotheksgeschichte der neuesten Zeit (1800–1945)*, L. Reichert, Wiesbaden 1982

Canfora, Luciano: *Die verschwundene Bibliothek. Das Wissen der Welt und der Brand von Alexandria*, aus dem Italienischen von Andreas und Hugo Beyer, Europa, Hamburg 2002

De Robertis, Teresa/Miriello, Rosanna: *I manoscritti datati della Biblioteca Riccardiana di Firenze*, Edizioni del Galluzzo, Firenze 1997

Duft, Johannes: *Stiftsbibliothek St. Gallen. Geschichte, Barocksaal, Manuskripte*, Verlag am Klosterhof, St. Gallen 1987

Ellis, Estelle/Seebohm, Caroline/Sykes, Christopher Simon: *Mit Büchern leben. Buchliebhaber und ihre Bibliotheken*, aus dem Englischen von Gisela Sturm und Klaus Sticker, Gerstenberg, Hildesheim [10]2010

Evers, Bernd (Hg.): *Kunst in der Bibliothek. Zur Geschichte der Kunstbibliothek und ihrer Sammlungen*, Akademie Verlag Berlin, Berlin 1994

Favriel, Jean/Belavale, Philippe/Edelmann, Frederic/Battista, Nicola di/Buchanan, Peter: *Bibliothèque nationale de France. 1989–1995*, Birkhäuser, Basel 1995

Flotho, Marianne: *Bücherschätze in Wolfenbüttel. Herzog August Bibliothek*, Leibniz-Bücherwarte, Bad Münder 1988

Garber, Klaus: *Das alte Buch im alten Europa. Bibliotheksreisen durch den alten deutschen Sprachraum zwischen Straßburg und St. Petersburg*, W. Fink, München 1997

Gömpel, Renate u.a. (Red.): *Haus der Bücher, elektronisches Archiv*, Die Deutsche Bibliothek, Frankfurt/Main 1997

Haefs, Wilhelm (Hg.): *Bücherwelten im Gartenreich Dessau-Wörlitz*, Wehrhahn, Hannover 2009

Höfer, Candida/Eco, Umberto: *Bibliotheken*, Schirmer/Mosel, München 2007

Jahn, Cornelia (Hg.): *Bayerische Staatsbibliothek. Ein Selbstporträt*, BSB, München 1997

Janzin, Marion/Guntner, Joachim: *Das Buch vom Buch. 5000 Jahre Buchgeschichte*, Schlütersche, Hannover [2]1997

Jochum, Uwe: »Kleine Bibliotheksgeschichte«, in: *Reclam Wissen*, Reclam, Stuttgart 1993

Klein, Peter Wolfgang/Klein-Meijer, M.A.V.: *De wereld van de Koninklijke Bibliotheek: 1798–1998*, Van Oorschot, Amsterdam 1998

Lainez, Manuel Mujica/Sessa, Aldo: *Jockey club, un siglo*, Ediciones Cosmogonias, Buenos Aires 1982

Lehmann, Edgar: *Die Bibliotheksräume der deutschen Klöster in der Zeit des Barock*, Deutscher Verlag für Kunstwissenschaft, Berlin 1996

Linder, Leo G.: *Die Herzog August Bibliothek und Wolfenbüttel*, Westermann, Braunschweig 1997

Mazal, Otto (Hg.): *Ein Weltgebäude der Gedanken. Die Österreichische Nationalbibliothek*, Struzl, Graz 1987

Moritz, Rainer: *Das Buch vom Buch. Ein ABC der Leselust*, Sanssouci, München/Wien 2002

Munafò, Paola/Muratore, Nicoletta: *La Biblioteca Angelica*, Istituto Poligrafico dello Stato, Roma 1989

Ochsenbein, Peter/Schmuki, Karl: *Glehrte Leüt und herrliche Librey. Die St. Galler Klosterbibliothek nach der Glaubenstrennung 1532–1630*, Verlag am Klosterhof, St. Gallen 1993

Ochsenbein, Peter/Schmuki, Karl/Dora, Cornel: *Vom Schreiben im Galluskloster. Handschriften aus dem Kloster St. Gallen vom 8.–18. Jahrhundert*, Verlag am Klosterhof, St. Gallen 1994

Olson, Michael P.: *The odyssey of a German national library. A short history of the Bayerische Staatsbibliothek, the Staatsbibliothek zu Berlin, the Deutsche Bücherei, and the Deutsche Bibliothek*, Harrassowitz, Wiesbaden 1996

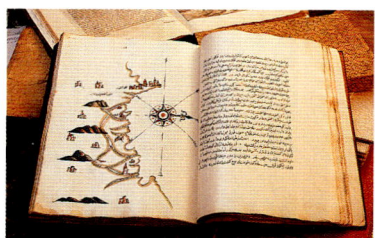

Die Österreichische Nationalbibliothek (Wien). Geschichte, Bestände, Aufgaben, Österreichische Nationalbibliothek, Wien ⁵1979

Raabe, Paul: *Die Herzog August Bibliothek in den letzten 100 Jahren. Vier Beiträge zur Vergangenheit und Gegenwart der Bibliothek*, Bautz, Herzberg 1980

Ruppelt, Georg/Solf, Sabine (Hg.): *Lexikon zur Geschichte und Gegenwart der Herzog August Bibliothek Wolfenbüttel*, Harrassowitz, Wiesbaden 1992

Schmuki, Karl/Dora, Cornel: *Ein Tempel der Musen. Die Klosterbibliothek von St. Gallen in der Barockzeit*, Verlag am Klosterhof, St. Gallen 1996

Staatsbibliothek zu Berlin. Preußischer Kulturbesitz (Ausstellungskatalog), Staatsbibliothek zu Berlin – Preußischer Kulturbesitz, Berlin 2003

Wetzel, René: *Deutsche Handschriften des Mittelalters in der Bodmeriana*, Bodmer, Cologny-Genève 1994

Zeller, Bernhard: *Marbacher Memorabilien. Vom Schiller-Nationalmuseum zum Deutschen Literaturarchiv 1953–1973*, Deutsche Schillergesellschaft, Marbach 1995

2. Objekte der Begierde:
Vom Sammeln und Bewahren

Bielschowsky, Ludwig: *Der Büchersammler. Eine Anleitung*, Plato, Koblenz 1980

Bogeng, Gustav: *Die großen Bibliophilen. Geschichte der Buchsammler und ihrer Sammlungen* (Nachdruck der Ausgabe Seemann, Leipzig 1922), Olms, Hildesheim 1984

ders.: *Umriß einer Fachkunde für Büchersammler*, 1 Bd. (Nachdruck der Ausgabe O. Harrassowitz, Nikolassee 1909/11), Olms, Hildesheim 1978

Günther, Horst: *Das Bücherlesebuch. Vom Lesen, Leihen, Sammeln: Von Büchern, die man schon hat, und solchen, die man endlich haben will*, Wagenbach, Berlin 1992

Huizing, Klaas: *Der Buchtrinker. Die Geschichte des mörderischen Büchernarren Tinnius*, Knaus, München 1994

Kersting, Martin: *Alte Bücher sammeln. Ein praktischer Leitfaden durch die Buchgeschichte und die Welt der Antiquariate*, Battenberg, Augsburg 1999

Knüppel, Martin: *Verzeichnis der deutschen Antiquariate. 800 Antiquariate mit allen wichtigen Daten*, M. Knüppel, Köln 1998

Münsterberger, Werner: *Sammeln. Eine unbändige Leidenschaft*, Berlin Verlag, Berlin 1995

Ochsenbein, Peter/Schmuki, Karl: *Bibliophiles Sammeln und historisches Forschen. Führer durch die Ausstellung in der Stiftsbibliothek St.Gallen*, Verlag am Klosterhof, St. Gallen 1991

Rosenberg, Leona/Stern, Madeleine: *Zwei Freundinnen, eine Leidenschaft. Unser Leben für seltene Bücher*, aus dem Amerikanischen von Christina Liedtke, Hoffmann & Campe, Hamburg 2004

Der Sammler auf Reisen. Antiquariate in Deutschland, Kuhle, Braunschweig 1998 ff.

Walther, Klaus: *Bücher sammeln. Kleine Philosophie der Passionen*, dtv, München 2004

Willms, Johannes: *Bücherfreunde – Büchernarren. Entwurf zur Archäologie einer Leidenschaft*, Harrassowitz, Wiesbaden 1978

Zender, Joachim Elias: *Geliebte alte Bücher. Sammeln – pflegen – schätzen*, Thorbecke, Ostfildern 2010

3. Bücherlust und Lesefreuden:
Von Büchern und Lesern

Anz, Thomas: *Literatur und Lust. Glück und Unglück beim Lesen*, C.H. Beck, München 1997

Bennett, Alan: *Die souveräne Leserin*, aus dem Englischen von Ingo Herzke, Wagenbach, Berlin 2008

Bichsel, Peter: *Der Leser. Das Erzählen. Frankfurter Poetik-Vorlesungen*, Suhrkamp, Frankfurt/Main 1997

Bruyn, Günter de: *Lesefreuden. Über Bücher und Menschen*, Fischer, Frankfurt/Main 1995

Bury, Richard de: *Philobiblion – das ist das Traktat des Richard de Bury über die Liebe zu Büchern* (Nachdruck der Ausgabe Insel, Leipzig 1912), Insel, Leipzig 1989

Cotroneo, Roberto: *Wenn ein Kind an einem Sommermorgen. Brief an meinen Sohn über die Liebe zu Büchern*, aus dem Italienischen von Burkhart Kroeber, Ullstein, Berlin 1998

Eco, Umberto: *Die Kunst des Bücherliebens*, aus dem Italienischen von Burkhart Kroeber, Hanser, München ⁸2009

ders.: *Nachschrift zum Namen der Rose*, aus dem Italienischen von Burkhart Kroeber, dtv, München ³1986

ders.: *Der Name der Rose*, aus dem Italienischen von Burkhart Kroeber, dtv, München 1986

Eichel, Christine (Hg.): *Von Bücherlust und Leseglück. Kluge Köpfe und ihre Bibliotheken*, Knesebeck, München 2008

Falschlehner, Gerhard: *Vom Abenteuer des Lesens*, Residenz, Salzburg 1997

Gilbar, Steven: *Bibliomania. Ein listenreiches Buch über Bücher*, aus dem Amerikanischen von Christian Detoux, Diogenes, Zürich 2009

Hermlin, Stephan: *Lektüre. Über Autoren, Bücher, Leser*, Wagenbach, Berlin 1997

Hesse, Hermann: *Magie des Buches. Betrachtungen*, Suhrkamp, Frankfurt/Main 1992

ders.: *Die Welt der Bücher. Betrachtungen, Aufsätze, Erzählungen*, hg. von Volker Michels, Suhrkamp, Frankfurt/Main 1977

Jansohn, Christa (Hg.): *Das Buch zum Buch*, Reclam, Stuttgart 1998

Kaiser, Gerhard: *Wozu noch Literatur? Über Dichtung und Leben*, C.H. Beck, München 1996

Kästner, Erhart: *Was die Seele braucht. Erhart Kästner über Bücher und Autoren*, hg. von Julia Hiller von Gaertringen/Katrin Nitzschke, Insel, Frankfurt/Main 1994

Kästner, Erich: *Bei Durchsicht meiner Bücher. Eine Auswahl in vier Versbänden*, dtv, München 1989

Koller, Angelika/Hermann, Antje (Hg.): *Liebe zu Büchern. Die kleine Bibliothek*, Ars Edition, München 1995

Krischker, Gerhard C./Segebrecht, Wulf: *Bücher. Lust und Leidenschaft. Zehn bibliophile Beiträge*, Fränkische Bibliophilengesellschaft, Marburg 1988

Limberg, Michael: *Hermann Hesse und die Welt der Bücher*, B. Gengenbach, Bad Liebenzell 1996

Manguel, Alberto: *Eine Geschichte des Lesens*, aus dem Spanischen von Chris Hirte, Fischer, Frankfurt/Main 2008

ders.: *Tagebuch eines Lesers*, aus dem Spanischen von Chris Hirte, Fischer, Frankfurt/Main 2007

Mendlewitsch, Doris: *Rund ums Buch. Ein Leitfaden für Autoren und Leser*, Daedalus, Münster 1996

Michel, Karl M./Karsunke, Ingrid/Spengler, Tilman (Hg.): *Das Buch. Kursbuch 133*, Rowohlt, Berlin 1998

Moritz, Rainer: *Die Überlebensbibliothek. Bücher für alle Lebenslagen*, Piper, München 2007

Nabokov, Vladimir: *Die Kunst des Lesens*, aus dem Englischen von Karl A. Klewer, Fischer, Frankfurt/Main 2010

Pennac, Daniel: *Wie ein Roman. Von der Lust zu lesen*, aus dem Französischen von Uli Aumüller, dtv, München 22003

Plinke, Manfred/Tieger, Gerhild (Hg.): *Tausend Bücher rund ums Buch. Eine Literaturempfehlung für Bücherschreiber, Bibliophile, Literaten, beruflich privilegierte Büchermenschen und nicht zu vergessen die hochgradig Bibliomanen unter uns*, Autorenhaus-Verlag Plinke, Glienicke 1997

Proust, Marcel: *Tage des Lesens. Drei Essays*, aus dem Französischen von Helmut Scheffel, Insel, Frankfurt/Main 2001

Raabe, Paul: *Spaziergänge durch Lessings Wolfenbüttel*, Arche, Zürich 1997

Rautenberg, Ursula (Hg.): *Reclams Sachlexikon des Buches*, Reclam, Stuttgart 2003

Reumann, Kurt: *Lesefreuden und Lebenswelten*, Edition Interfrom, Zürich 1992

Roth, Gerhard: *Der Plan*, Fischer, Frankfurt/Main 2009

Steinberg, Heinz: *Gutenbergs Zukunft. An- und Aussichten zu Buch und Lesen*, Spiess, Berlin 1990

Tebbe, Thomas (Hg.): *Wenn Kopf und Buch zusammenstoßen. Ein Lesebuch übers Lesen*, Piper, München 1998

Vollmann, Rolf: *Der Roman-Navigator*, Eichborn, Frankfurt/Main 1998

ders.: *Die wunderbaren Falschmünzer 1800 bis 1930*, 1 Bd., Eichborn, Frankfurt/Main 1997

Woolf, Virginia: *Der gewöhnliche Leser. Essays*, aus dem Englischen von Hannelore Faden und Helmut Viebrock, 2 Bde., Fischer, Frankfurt/Main 1997

Wüthrich, Peter: *Lesend. Mit Beiträgen von Marcel Proust*, hg. von Gérard Goodrow/Reiner Speck/Gerhard Theewen, Salon, Köln 1997

**4. Kreativ gestalten:
Vom Handwerk zur Buchkunst**

Albanese, Marisa/Casorati, Cecilia: *Marisa Albanese: 1990–1995*, Edizioni Pino Casagrande, Rom 1996

Barilli, Renato/Isgrò, Emilio: *Prima della prima del Mosè ovvero le tavole della legge*, Galleria di Franca Mancini, Pesaro 1994

Cockerell, Douglas: *Der Bucheinband und die Pflege des Buches. Ein Handbuch für Buchbinder, Bibliothekare und Bibliophile*, aus dem Englischen von Felix Hübel (Nachdruck der Originalausgabe von 1925), Th. Schäfer, Hannover ²1998

Eyssen, Jürgen: *Buchkunst in Deutschland. Vom Jugendstil zum Malerbuch*, Schlütersche, Hannover 1980

Faber, Michael (Hg.): *Eine Milchstraße von Einfällen. Jürgen Seuss und die Buchkunst der zweiten Jahrhunderthälfte*, Faber & Faber, Leipzig 1995

Friedl, Friedrich u.a. (Hg.): *Die vollkommene Lesemaschine. Von deutscher Buchgestaltung im 20. Jahrhundert*, Stiftung Buchkunst, Frankfurt/Main 1997

Funke, Fritz: *Buchkunde. Ein Überblick über die Geschichte des Buches*, Saur, München 1992

Ganz, Peter/Parkes, Malcom (Hg.): *Das Buch als magisches und Repräsentationsobjekt*, Harrassowitz, Wiesbaden 1992

Hiestand, Rudolf (Hg.): *Das Buch in Mittelalter und Renaissance*, Droste, Düsseldorf 1994

Hilger, Wolfgang (Red.): *Das andere Buch. Bücher als Kunstobjekte*, Magistrat der Stadt Wien, Wien 1993

Illustration 63. Zeitschrift für die Buchillustration, Visel, Memmingen 1963 ff.

Janzin, Marion/Günther, Joachim: *Das Buch vom Buch. 5000 Jahre Buchgeschichte*, Schlütersche, Hannover 1997

König, Eberhard/Bartz, Gabrielle: *Das Stundenbuch. Perlen der Buchkunst*, Belser, Stuttgart 1998

Kretschmer, Hubert/Schaller, Marie L.: *Das Buch als Kunstobjekt*, H. Kretschmer, München 1981

Kühnemann, Burgi/Heine, Burgis: *Heinrich Heine. Buchkunst und Installationen*, Droste, Düsseldorf 1997

Lang, Lothar: *Expressionismus und Buchkunst in Deutschland 1907–1927*, Edition Leipzig, Leipzig 1993

ders.: *Impressionismus und Buchkunst in Frankreich und Deutschland*, Edition Leipzig, Leipzig 1998

ders.: *Konstruktivismus und Buchkunst*, Edition Leipzig, Leipzig 1990

ders.: *Surrealismus und Buchkunst*, Edition Leipzig, Leipzig 1993

Langer, Alfred: *Jugendstil und Buchkunst*, Edition Leipzig, Leipzig 1994

List, Claudia/Blum, Wilhelm: *Buchkunst des Mittelalters. Ein illustriertes Handbuch*, Belser, Stuttgart 1994

Marginalien. Zeitschrift für Buchkunst und Bibliophilie, hg. von der Pirckheimer-Gesellschaft, Harrassowitz, Wiesbaden 1996 ff.

Morello, Giovanno (Hg.): *Kostbarkeiten der Buchkunst. Illuminationen klassischer Werke von Archimedes bis Vergil*, aus dem Englischen von Heike Drechsler, Belser, Stuttgart 1997

Neureiter, Manfred (Hg.): *Lexikon der Exlibriskünstler*, Pro Business, Berlin 2009

Nordenfalk, Carl: *Die Buchmalerei*, E. Wasmuth, Tübingen 1983

Pächt, Otto: *Buchmalerei des Mittelalters. Eine Einführung*, Prestel, München 1984

Quarg, Gunter/Schmitz, Wolfgang: *Deutsche Buchkunst im 20. Jahrhundert*, Stadt- und Universitätsbibliothek, Köln 1995

Rainer, Arnulf/Catoir, Barbara: *Übermalte Bücher*, Prestel, München 1989

Schenk, Andreas: *Kalligraphie. Die stille Kunst, eine Feder zu führen*, AT, Aarau (u.a.) 1989

Tesnière, Marie-Hélène (Hg.): *Creating French Culture. Treasures from the Bibliothèque nationale de France*, Yale University, New Haven/Connecticut 1995

Trost, Vera: *Skriptorium. Die Buchherstellung im Mittelalter*, Belser, Stuttgart 1991

Wächter, Wolfgang: *Bücher erhalten, pflegen und restaurieren*, E. Hauswedell, Stuttgart 1997

Walther, Klaus (Hg.): *Lexikon der Buchkunst und Bibliophilie*, Weltbild, Augsburg 1995

Wierschowski, Myriam (Red.): *Book Art in Europe. 1. Buchobjekte aus Papier*, Papiermuseum Düren, Düren 1993

Willberg, Hans Peter: *Handbuch der Einbandgestaltung*, Schmidt, Mainz 1994

Wilson, Diana Hardy: *Kalligraphie. Schriften und Techniken*, aus dem Englischen von Frank Hering, Ulmer, Stuttgart 1996

5. Mein Leben den Büchern: Von Machern und Vermittlern

Biegel, Gerd (Hg.): *Lessing in Braunschweig und Wolfenbüttel*, Braunschweigisches Landesmuseum, Braunschweig 1997

Blaschke, Olaf: *Verleger machen Geschichte. Buchhandel und Historiker seit 1945 im deutsch-britischen Vergleich*, Wallstein, Göttingen 2010

Bödeker, Hans E./Mix, York G./Möller, Horst/Schneider, Ute: *Friedrich Nicolai und die Berliner Aufklärung*, Wehrhahn, Hannover 2008

Canetti, Elias: *Die gerettete Zunge. Geschichte einer Jugend*, Fischer, Frankfurt/Main 1997

Cartens, Daan (Hg.): *Der Augenmensch Cees Nooteboom*, Suhrkamp, Frankfurt/Main 1995

Faber, Elmar: *Die Allmacht des Geldes und die Zukunft der Phantasie. Betrachtungen zur Bücherwelt*, Faber & Faber, Leipzig 2003

ders./Faber, Michael: *Vom Wein der Weisheit einen Tropfen. Autoren, Verleger und Leser in heiterer Tafelrunde*, Faber & Faber, Leipzig 2010

Hage, Volker/Schreiber, Matthias: *Marcel Reich-Ranicki*, Kiepenheuer & Witsch, Köln 1995

Hoffmeister, Barbara: *S. Fischer, der Verleger 1859–1934. Eine Lebensbeschreibung*, Fischer, Frankfurt/Main 2009

Kaeding, Peter: *Die Hand über der ganzen Welt. Johann Friedrich Cotta – Der Verleger der deutschen Klassik*, Klett-Cotta, Stuttgart 2009

Koelbl, Herlinde: *Im Schreiben zu Haus. Wie Schriftsteller zu Werke gehen*, Knesebeck, München 1999

Lehmann, Hans-Ulrich/Solf, Sabine: *Kunstwirklichkeiten. Erhart Kästner – Bibliothekar, Schriftsteller, Sammler* (Ausstellung und Katalog), Harrassowitz, Wiesbaden 1991

Lingohr, Michael: *Siegfried Unseld 1879–1964*, Süddeutsche Verlagsgesellschaft, Ulm 1997

Lustig ist das Verlegerleben. Briefe von und an Daniel Keel, Diogenes, Zürich 2010

Reich-Ranicki, Marcel: *Mein Leben*, DVA, Stuttgart 1999

ders.: *Das Reich-Ranicki-Paket*, 7 Bde., Ammann, Zürich 1998

Reifenberg, Bernd: *Lessing und die Bibliothek*, Harrassowitz, Wiesbaden 1995

Ruppelt, Georg: *Buchmenschen in Büchern. Von Antiquaren und Buchhändlern, Verlegern und Buchbindern, Buchdruckern und Setzern, Bücherschändern und Bücherdieben, vom letzten Buchautor und von der Zukunft des Buches*, Harrassowitz, Wiesbaden 1997

Schiffrin, André: *Verlage ohne Verleger. Über die Zukunft der Bücher*, Wagenbach, Berlin 2000

Schmidt-Joos, Siegfried/Brigl, Kathrin: *Selbstredend ... Interviews*, 2 Bde., Rowohlt, Reinbek 1985 f.

Schulze, Friedrich: *Der deutsche Buchhandel und die geistigen Strömungen der letzten hundert Jahre*, Olms, Hildesheim 1990

Unseld, Siegfried: *Peter Suhrkamp. Zur Biographie eines Verlegers in Daten, Dokumenten und Bildern*, Suhrkamp, Frankfurt/Main 1991

Der Verleger und seine Autoren: Siegfried Unseld zum siebzigsten Geburtstag, Suhrkamp, Frankfurt/Main 1994

Wagenbach, Klaus: *Die Freiheit des Verlegers. Erinnerungen, Festreden, Seitenhiebe*, Wagenbach, Berlin 2010

Weidenfeld, George: *Von Menschen und Zeiten: die Autobiographie*, aus dem Englischen von Charlotte Breuer, Europaverlag, Wien u.a. 1995

Widmann, Hans: »Bis zur Erfindung des Buchdrucks sowie Geschichte des deutschen Buchhandels«, in: *Geschichte des Buchhandels vom Altertum bis zur Gegenwart*, Bd. 1 (ab Bd. 2 als Schriftenreihe *Geschichte des Buchhandels*), Harrassowitz, Wiesbaden 1975

Zwei Freunde, ein Verlag. Für Rudolf C. Bettschart und Daniel Keel zum 80. Geburtstag, Diogenes, Zürich 2011

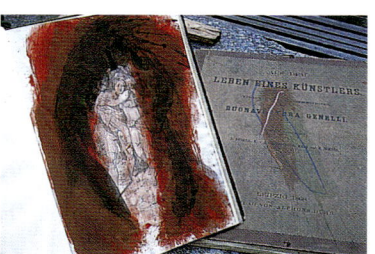

6. Die unendliche Bibliothek: von links and sites

(Alle Internetadressen sind im Dezember 2010 überprüft worden.)

Kaiser, Reinhard: *Literarische Spaziergänge im Internet. Bücher und Bibliotheken online*, Eichborn, Frankfurt/Main 1996

Darstellungen der im Hauptteil besuchten Bibliotheken im Internet:

Bibliotheca Bodmeriana à Genève
www.ville-ge.ch/bg2
(Allgemeine touristische Informationen)

Bibliothèque nationale de France
www.bnf.fr
(Umfangreiche Informations- und Rechercheseiten)

Firenze Palazzo Medici Riccardiana
www.riccardiana.firenze.sbn.it
(Allgemeine touristische Informationen)

Herzog August Bibliothek Wolfenbüttel
www.hab.de
(Umfangreiche Informations- und Rechercheseiten)

Koninklijke Bibliotheek
www.kb.nl
(Umfangreiche Informations- und Rechercheseiten)

Österreichische Nationalbibliothek Wien
www.onb.ac.at
(Umfangreiche Informations- und Rechercheseiten)

St. Gallen und Kultur: Stiftsbibliothek
www.stiftsbibliothek.ch
(Informationsseite)

Ergänzend noch eine kleine Auswahl empfehlenswerter Einstiegsadressen für Bücherfreunde:

Bibliographischer Werkzeugkasten /
Hans Dieter Hartges
www.hbz-nrw.de
(Eine Zusammenstellung durch das Hochschulbibliothekszentrum des Landes Nordrhein-Westfalen (HBZ) in Köln zu internationalen Bibliotheken, Nachschlagewerken, Biographien, Bibliographien usw.)

buch+medien Online – Buchhandel im Internet
www.buchhandel.de
(Startseite des deutschen Börsenvereins, Zugang zur Recherche im Verzeichnis lieferbarer Bücher)

Elektronische Texte
www.archive/org/details/texts
(Hinweise auf elektronische Texte im Netz, von der Bibel bis Shakespeare)

Linksammlung
www.literaturwelt.de/links
(Linksammlung zum Thema Schreiben, Bibliotheken, Buchhandel, Literaturwissenschaften und Literaturmagazine)

Das Literatur-Café – Der literarische Treffpunkt im Internet
www.literaturcafe.de
(Literarisches Leben, Buchkritiken, Literaturtermine und Linksammlung)

Karlsruher Virtueller Katalog (externer Zugang)
www.ubka.uni-karlsruhe.de/kvk.html
(Übergreifende Suche in den Katalogen deutscher und ausländischer Bibliotheken und Buchhandlungen; Zugriff auf zirka 50 Millionen Titel)

Projekt Gutenberg
http://gutenberg.spiegel.de
(Deutschsprachige oder ins Deutsche übersetzte Texte, deren Copyright erloschen ist, werden laufend digitalisiert und sind hier abrufbar.)

ZVAB: Zentrales Verzeichnis Antiquarischer Bücher
www.zvab.com
(Zentraler Nachweis von über 30 Millionen bestellbaren Büchern, Graphiken und Autographen, mit über 4100 professionellen Antiquariaten aus 27 Ländern)

Danksagung

Viele Menschen haben uns geholfen, diesen Bücherband zu realisieren – Bücher-Liebhaber, Bücher-Fachleute, Bücher-Kenner. Allen möchten wir von ganzem Herzen für ihre Hilfsbereitschaft danken. Den Bücherfreunden, deren Bibliotheken wir in *Bücherwelten* präsentieren dürfen, danken wir ganz besonders für ihre Gastfreundschaft und Geduld. Von einigen der Porträtierten wissen wir, dass sie sich mittlerweile privat oder beruflich neu orientiert haben, von anderen, wie Prinz Egon von Fürstenberg, Gertrud Heiseler, Hans Soller und Siegfried Unseld, dass sie verstorben sind.

Inniger Dank gilt auch Agi Simões, unserem Fotoassistenten, der die Bibliotheken stets ins »rechte Licht« rückte, sowie den Mitarbeitern des Gerstenberg Verlages, die dieses Projekt mit viel Feingefühl und Liebe unterstützt haben.

Darüber hinaus möchten wir folgenden Freunden für ihre Mithilfe danken: Ana Barosa und Cissy de Brito e Cunha in Portugal; Puppe Mandl in Argentinien; Bob Steensma in Holland; Thaddaeus Ropac in Österreich; Gerti von Bismarck, Nane von Oertzen, Charlotte Seeling und Iris von der Tann in Deutschland; Georgia Oetker in England; Gustav Ortner in Italien; Anne Keller und Regula von Schwarzenberg in der Schweiz.

Impressum

6. Auflage 2013
(4. Auflage der Sonderausgabe)
Copyright © 1999 Gerstenberg Verlag, Hildesheim
Text Copyright © Susanne von Meiss
Fotos Copyright © Reto Guntli
(Ausnahmen: siehe Bildnachweis)
Außenlektorat: Karin Dunse, Hannover
Layout: Gabrielle Pfaff, Berlin
Satz: Marly Riemer, Berlin
Printed in China

ISBN 978-3-8369-2651-5

www.gerstenberg-verlag.de

Die Autorin

Susanne von Meiss, geboren 1953 in Zürich, schreibt seit 1980 für so renommierte Wohn- und Lifestyle-Magazine wie die *Vogue, House & Garden, Architectural Digest* oder *Elle* und hat auch schon mehrere Bildbände veröffentlicht. 2004 hat sie ihre eigene Interior-Design-Firma Michel & von Meiss Interiors in Zollikon/Schweiz gegründet. Sie lebt in Zollikon, ist verheiratet und hat zwei erwachsene Töchter.

Der Fotograf

Reto Guntli, geboren 1956, bereist seit vielen Jahren als Fotograf die ganze Welt. Seine Fotoreportagen erscheinen regelmäßig in internationalen Magazinen wie *Architectural Digest, Vogue* und *Elle Decoration*. Er hat auch diverse Bildbände veröffentlicht, darunter bei Gerstenberg *Künstlerinnen* und *Die schönsten Buchhandlungen Europas*.

Bilderläuterungen

Einbandvorderseite: Der gelbe Salon von Maren Sell, Paris
Einbandrückseite (von oben nach unten): Österreichische Nationalbibliothek, Wien; Alain Devauchelle, Paris; Das Arbeitszimmer von Marie-Eleonore von Haeften, Mallorca
S. 1: Hans Soller, Schaffhausen; S. 2: Don Giovanni Guiso, Siena; S. 3-5: Biblioteca Angelica, Rom; S. 6-7: Alain Devauchelle, Paris; S. 8: Graf und Gräfin Christoph Douglas, Frankfurt am Main; S. 9: Hans Soller, Schaffhausen; S. 10: Gräfin Monika Apponyi, London; S. 11: Stefan Riedl, Wien; S. 12-13: Herzog August Bibliothek Wolfenbüttel; S. 46-47: Melanie Bosanquet-Munk, Paris; S. 94-95: Familie Koerfer, Kitzbühel; S. 146-147: Peter Wüthrich, Bern; S. 188-189: Alain Devauchelle, Paris; S. 240-241: Marisa Albanese, Neapel; S. 242: Hans Soller, Schaffhausen; S. 243: Herry Schaefer, Zürich; S. 244: Biblioteca Angelica, Rom; S. 245: Alain Devauchelle, Paris; S. 244: Andreas Schenk, Basel; S. 247: Gonzalo Gorostiago, Buenos Aires; S. 249: Reiner Speck, Köln; S. 250: Bibliothek Friedrichs II., Schloß Sanssouci, Potsdam; S. 251: Stiftsbibliothek St. Gallen; S. 252: Herry Schaefer, Zürich; S. 253: Siegfried Schmidt-Joos und Kathrin Brigl, Berlin; S. 254 (oben): Marisa Albanese, Neapel; S. 254 (unten): Arnulf Rainer, Wien; S. 255: Bibliothek des Königlichen Hausarchivs, Den Haag.

Bildnachweis

Alle Fotos dieses Buches stammen von Reto Guntli mit Ausnahme von:
© Jean C. Ballot/Archipress, Paris/BnF, Paris (S. 40)
© Candida Höfer/VG Bild-Kunst, Bonn (S. 41-45)
© Anthony Paine, London (S. 144-145)
© Peter Wüthrich, Bern (S. 146-147, 185-187)

Die Fotos auf den Seiten 118-119 (Bibliothek Alexandra Skrein von Bumbala) wurden von Reto Guntli für Architectural Digest, USA, gemacht.
Die Fotos für das Porträt über die Bibliothek Friedrichs II, Schloß Sanssouci, Potsdam (S. 28-31) wurden mit freundlicher Unterstützung der Stiftung Preußischer Schlösser und Gärten Berlin-Brandenburg von Reto Guntli aufgenommen.
Für die Erlaubnis zu fotografieren bedanken sich Fotograf und Verlag auch bei der Biblioteca Angelica in Rom (S. 20-23).